看图走天下丛书

KANTU ZOU TIANXIA CONGSHU

走进世界著名

ZOUJIN SHIJIE ZHUMING HUPO

湖泊

本丛书编委会 编

以天下之大，穷一人毕生之财力、精力欲遍游之，难矣！秀才不出门，便知天下事。“看图走天下丛书”带您走近世界奇景胜迹，阅尽天下文明遗产。

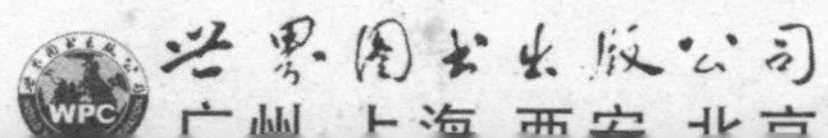

世界图书出版公司
广州 上海 西安 北京

图书在版编目（CIP）数据

走进世界著名湖泊/《看图走天下丛书》编委会编．
广州：广东世界图书出版公司，2009.11
（看图走天下丛书）
ISBN 978－7－5100－1281－5

Ⅰ．走… Ⅱ．看… Ⅲ．湖泊－世界－青少年读物 Ⅳ．
K918.43－49

中国版本图书馆 CIP 数据核字（2009）第 191348 号

走进世界著名湖泊

责任编辑：韩海霞
责任技编：刘上锦　余坤泽
出版发行：广东世界图书出版公司
（广州市新港西路大江冲 25 号　邮编：510300）
电　　话：（020）84451969　84453623
http：//www.gdst.com.cn
E－mail：pub@gdst.com.cn，edksy@sina.com
经　　销：各地新华书店
印　　刷：北京燕旭开拓印务有限公司
（北京市昌平马池口镇　邮编：102200）
版　　次：2010 年 5 月第 1 版第 2 次印刷
开　　本：787mm × 1092mm　1/16
印　　张：13
书　　号：978－7－5100－1281－5/K·0044
定　　价：25.80 元

前　言

湖泊，是大自然在漫长的历史岁月中，在地球内外引力长期作用下形成的，是陆地水圈的重要组成部分，它与大气圈、岩石圈、和生物圈相互影响、相互制约，组成了一个完整的和谐的生态系统。湖泊是陆地上最常见的水体之一，它像一颗璀璨的明珠，镶嵌在地球上，对人类社会文明的进步产生着巨大的影响。

湖泊，是大自然赐给人类的一笔巨大财富。

湖泊是一个个天然的水库，对河流的水量起着调剂作用。夏季，它拦截洪水，减轻下游的洪涝灾害；春秋季，河流水量减少，湖泊将储存的水放出，供下游工农业生产和人民生活使用。

湖泊能够调剂气候。我国云南省的滇池和洱海，夏季吸收酷暑，冬季释放热量，同时又有大量的水蒸气的扩散，形成了地区性的小气候，使昆明成为气候温和湿润，夏无暴热，冬无严寒，一年四季鲜花盛开的“春城”。镜泊湖、青海湖等，都对周围地域的气候和生态环境产生重大的影响。

湖泊能够为人类提供丰富的水产品。许多营养型的淡水湖，湖底平缓，水深适中，浮游生物和底栖生物丰富，为鱼类提供了大量优质的天然饵料，鱼生长快，质量特别好。

湖泊还蕴藏着丰富的盐类资源，如著名的美国大盐湖，盐类储量达60亿吨，食盐占3/4，还有镁、钾、铝、硼等。

湖泊为航运和发电提供了条件。

湖泊还形成了许多风景优美的游览胜地。众多的文人墨客写下了无数赞叹湖光水色的诗文。

湖泊滩地，土层深厚，土质肥沃，地势平坦，灌溉方便，是极优的农田。湖区多是富庶的鱼米之乡。

湖泊是我们的朋友，我们要善待我们的朋友，与它和谐相处。

但是，随着地球人口的增加和全球工业代步伐的加快，人类对湖泊的无节制掠夺性的开发和破坏，如不当的水利设施、围湖造田、乱捕滥捞、向湖泊排放工业和生活废水、垃圾等，极大地破坏了湖泊的生态环境，不少湖泊正在急剧缩小，甚至面临消亡的危险。

我们编写本书的目的，不仅仅是让青少年朋友们领略世界著名湖泊的湖光水色，了解它的人文价值、经济价值和生态价值，更是呼吁人们认清保护湖泊生态环境的责任并为之作出努力。

目　　录

本篇简介 Benpian jianjie

异龙湖及湖畔，环境清幽，荷池飘香，是我国滇南的浏览胜地。

异龙湖（中国）

异龙湖，位于我国云南省红河州石屏县城以东 2 千米处，为云南五大湖之一。湖面面积 32 平方千米，最大深度大于 50 米，平均深度大于 5 米，容积为 0.578 亿～1.145 亿立方立米，因断陷溶蚀湖积盆地而成，属重富营养型湖泊。

异龙湖

异龙湖上的渔家

异龙湖呈东西向条带状，湖区内地势平坦，微向东南倾斜；湖底海拔 1407.11 米，1982 年集水面积 22.4 平方千米，水量 0.44 亿立方米；东岸浅滩为细砂底质，其他均为淤泥底质，淤泥厚约 2 米、呈灰黑色，含较多腐殖质及大量螺类外壳；异龙湖有大小入湖河流 20 条、主要有城河、城南河、城北河，入湖河流中除城河有常年流水外，其他均为季节河，出水河道在东端老洪山与回龙山之间的新街村，经长山谷汇入南盘江。吐口在东，称湖口河，位于新街。河上筑有拦水阁，楼台玲珑别致。琉璃瓦闪闪发光。湖口河向东流经建水，汇旷野河而为泸江，汇南盘江流入珠江。

异龙湖湖水清澈如镜，中有 3 岛：小岛称孟继龙，也称马坂珑；中岛称小末束，也称小水城；大岛称和龙，也称大水城。南岸共有 72 个港湾，较大者有九曲，为五爪山伸入湖中形成，故有三岛九曲之胜。唐朝时，乌么蛮始居大岛上，筑城名末束城，是为石屏筑城之始。宋时中岛上亦筑城。此二城四周环水，故以其岛大小，名大水城、小水城。小岛马坂垅上蛇虫甚多，人不可居。彝语“水城”，叫“异椤”。明初汉人到石屏，不解彝语，误以为“异椤”是湖的名称，于是把湖名叫作“异龙湖”。湖中盛产鲦鱼、花鱼、青鱼，特别是餐鲦鱼，鱼肉细腻，味道鲜美，为鱼中珍品。

异龙湖及湖畔，风景名胜极多，借一叶扁舟，湖山一览，心旷神怡。远看青山为屏，湖光山色，相得益彰。看不尽湖面轻舟，水上白帆，更添得阵阵渔歌，一抹彩霞，村落隐现，景色绝佳。岛上遍植花木，环境清幽，湖四周良田绵延，荷池飘香。大水城上的海潮寺，小水城上的后乐亭以及来鹤亭、白浪水月寺、龙港广胤寺、五爪山罗色庙，湖北边的乾阳山等都是佳景，其中以来鹤亭为最。一年四季，异龙湖上游人不绝，全凭小船飞渡。这里有“第二西湖”之称，为滇南的游览胜地之一。

本篇简介 Benpian jianjie

星云湖位于我国云南省江川县，属营养性湖泊，是发展水产养殖的天然场所。

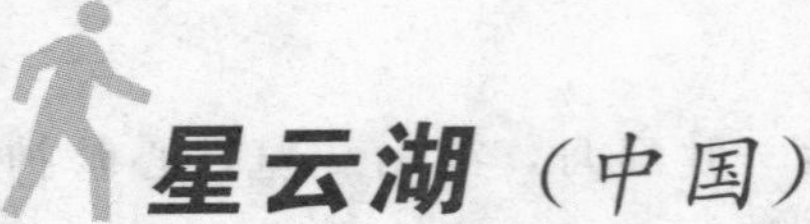

星云湖（中国）

星云湖位于我国云南省江川县城北1千米处，与抚仙湖一山之隔，一河相连。星云湖古代称“星海”，唐代称“利水”，俗称“浪广海”、“江川海”。星云湖因夜间星月皎洁，银河照映湖心而得名。星云湖是由断层形成的湖泊，主要是燕山运动、喜马拉雅山运动和新构造运动的结果。第四世纪晚期，云南高原不断运动，因其底断裂及断裂的强烈运动，致使地面解体在江川、澄江、华宁及周围新断裂沿线，并局部拉开了断陷盆地，出现沼泽、湖泊环境。

星云湖

星云湖南北长10.5千米，东西平均宽3.8千米，最窄处2.3千米，湖岸线36.3千米，总面积34余平方千米，平均水深7米，最大水深10米，透明度1.5米。星云湖湖湾多，湾弧深，鱼草繁茂，岸边柳树芦草成行。星云湖水面十分平静，湖湾垂钓十分便利，与抚仙湖同定为省级旅游度假区。现已建江川县湖滨公园，总面积为180亩，分接待区和游乐区、集散区三大部分。接待区以度假村为主；游乐集散区面积为60亩。

星云湖属营养性湖泊，是发展水产养殖业的天然场所，也是云南省较早有专业部门繁殖和放养鱼类的湖泊，素以单位产量高而著称。湖内主要鱼类有20种，闻名全国的江川大头鱼，头大肉肥，味道鲜美，为湖中名贵鱼类。由于星云湖湖底平缓，水深适中、浮游生物和底栖生物丰富，因而所产鱼类不但数量多，生长快，而且质量特别好。星云湖每年12月25日开湖捕鱼。开湖之日，渔船沿湖岸线依次排列，船头上系上红绸绣球，船上挑起一串长长的爆竹，身着新衣的青壮年男女渔民，精神抖擞，待礼炮齐鸣时，各渔船同时燃起爆竹，同时，张网捕鱼。每年的这一季节，江川县城形成鱼街，还有沿湖公路旁及几个人口集中的渔村，卖鱼者到处可见，眼福口福均可享尽。

本篇简介 Benpian jianjie

滇池，湖光壮丽，素有“高原明珠”的美称，是我国云南省著名的旅游胜地。

滇 池（中国）

滇池亦称昆明湖、昆明池，为中国云南省大湖。滇池位于昆明市南的西山脚下，其北端紧邻昆明市大观公园，南端至晋宁县内，距市区5千米，历来是度假观光和避暑的胜地。滇池东南北三面有盘龙江等20余条河流汇入，湖水由西面海口流出，经普渡河而入金沙江。滇池是受第

滇 池

三纪喜马拉雅山地壳运动影响而构成的高原石灰岩断层陷落湖，海拔1886米，湖体形似弦月，南北长39千米，东西宽13.5千米，平均宽度约8千米。湖岸线长约200千米；湖面面积300平方千米，居云南省首位，湖水最大深度8米，平均深度5米，蓄水量15.7亿立方米，素称“五百里滇池”。是中国第六大内陆淡水湖。湖的东北部有一天然沙堤，长4千米，将滇池分为南北两部分，称外湖和内湖。由于过去环湖地区常有洪涝水患，早在1262年就在盘龙江上建了松华坝，1268年又开凿海口河，加大滇池的出流量，减轻环湖涝灾。1955年以后在湖的上游各个河流上先后修建十余座大中型水库，沿湖修建几十座电力排灌站，解除洪涝灾害，并确保农田灌溉和城市工业、生活用水。

滇池名称的由来有3种说法。一是从地理形态上看，晋人常璩

滇池公路

滇池风光

《华阳国志·南中志》中说："滇池县，郡治，故滇国也；有泽，水周围二百里，所出深广，下流浅狭，如倒流，故曰滇池。"另一种说法是寻音考义，认为"滇颠也，言最高之顶"。第三种说法，是从民族称谓来考查，《史记·西南夷列传》有记载："滇"，在古代是这一地区最大的部落名称，楚将庄跻进滇后，变服随俗称滇王，故有滇池部落，才有滇池名。

滇池水域，群山环抱，河流纵横，良田万顷，人称"高原江南"。在池的周围，有大小数十个山峰，有渔村和风帆点缀的观音山风景区；有花光树影的白鱼口空谷园；有绵亘数里，水净沙明的海埂湖滨浴场和秀美隽逸的大观楼公园等。站在龙门上，居高临下，滇池尽收眼底。其迷人之处更在于它一日之内，随着天际日色、云彩的变化而变幻无穷。滇池水面宽阔，湖光山色十分壮丽，既有湖泊的秀丽，亦有大海的气魄。不但是旅游的好去处，还极有经济价值——航运、渔业、灌溉、供水等。滇池周围风景名胜众多，与西山森林公园、大观公园等隔水相望，云南民族村、国家体育训练基地、云南民族博物馆等既相联成片又相对独立，互为依托，是游览、娱乐、度假的理想场所。1988 年，滇池以昆明滇池风景名胜区的名义，被国务院批准列入第二批国家级风景名胜区名单。

现在的滇池，已是全国首批批准建立的十二个国家级旅游度假区之一，也是唯一设在内陆省的国家级度假区。海埂公园紧靠滇池湖畔，整个公园沿滇池湖岸而建。垂柳绿荔枝、白浪沙滩，一派多姿多彩的南疆风光，是理想的天然游泳场。在公园眺望湖对面高山上的西山森林公园，更觉赏心悦目。若是想登上西山游玩，公园里的大坝码头上，有渔民驾驶的渔船可渡过水面到达西山脚下；也可到海埂民族村坐缆车上西山，从缆车上俯视滇池，千重波涛，湖光山色尽收眼底。

滇池又是昆明风景名胜的中心，游客既可乘船环湖游览观赏湖光

滇池风光

山色，又能上岸一览郑和故里、观音山等风景名胜。

滇池污染是一个令人揪心的话题。为了净化这500里滇池的浑浊波涛，“七五”以来，国家和云南省相继投入滇池污染治理的经费突破了40亿元。这些来自中央、地方政府的款项和世界银行的贷款虽然有效地缓解了滇池生态环境的恶化，却未完全根治滇池污染。目前仍属5类重污染湖泊。由此，被国务院列为重点治理的“三湖三河”之一。

滇池上空的鸥鸟

在治理滇池水污染的详规中，有关专家提出，要分区发展，路南路北各有侧重。环湖路以南，这一片区除原有的一些自然村落外，还有以福保文化城为代表的一些休闲娱乐项目及昆明艺术学院等一些教育项目。本片区三面环水，具有较好的自然景观基础，所以规划结合滇池景观建设、湿地恢复、旅游开发等综合考虑，确定这一片区以生态旅游建设、湿地生态恢复以及发展艺术文化产业为主。

环湖东路以南以生态建设为主，建设结合湿地恢复、水系延伸，将采用自由松散的结构模式，使现有绿地始终贯穿其中，湿地也随着水系深入内陆，区内进行适量的生态社区与生态旅游建设，由此保护和利用好半岛片区的生态景观。

有着“明湖澄碧”美誉的阳宗海，山川秀美，景色宜人，是云南旅游的主要景点之一。

阳宗海（中国）

阳宗海，距云南省昆明市 36 千米，湖面形如一只巨履，两头宽，中部略窄，海拔 1770 米，南北长约 12 千米，东西宽约 3 千米，湖面积 30 平方千米，平均水深 22 米，最深 30 米。其水色碧绿，透明度大，为内陆淡水湖泊。

阳宗海属断陷构造湖泊，处于小江断裂地带，是由于地面断裂的强

阳宗海

阳宗海边的度假村

烈发育而形成的地堑式断陷湖泊。随着构造断陷的演变，先形成阳宗、汤池整个断陷盆地，在盆地基础上发育成构造湖。湖岸较平直，湖底不平，均有岩洞暗礁。阳宗海的湖水，除雨季汇积外，主要来源于阳宗区的阳宗大河、石渣河及宜良 1960 年改道归入的摆衣河等。该湖原无出水口，明洪武二十一年（1388 年），西平侯休英派了 15000 名士兵，由王俊指挥，用两年多时间，开挖了一条汤池渠，引海水灌溉农田，从此，阳宗海有了出水口，湖水由东北侧的宜良池出口，流经宜良坝子汇入南盘江，归于南海。

阳宗海四周，山川秀美，景色宜人。湖东南的龙泉寺，后依石壁，前瞰湖水，山腹涌出一泉，清澈明净。寺旁有古树 1 株，直径约 2 米，树龄已逾千年，枝繁叶茂，浓荫蔽天。南面的小屯村，相传为三国时随诸葛亮南征将领关索屯兵之处，村人至今仍演唱古老的傩戏，俗称“关索戏”。村西南报国寺后有 7 块巨石，天然排成北斗星状，人称“七星北斗”，附近的村子就叫“北斗村”。每逢夏秋季节，登高俯瞰阳宗坝子，各村寨均清晰可见，唯有北斗村烟笼雾罩，一片茫茫。古人称此奇景为“斗村烟雨”。在湖东北的汤池镇，已建成省级旅游度假区，有海滨游乐场、高尔夫球场、小白龙森林公园、涌金度假村、汤池温泉等旅游娱乐场所。

阳宗海属成湖较晚的幼年湖，其湖岸平直，湖底坡度大，湖水深，湖边沉积物粗大。她地跨3县，可称“三足鼎立”，已显示其稳重，物产丰富、风光美妙，则更显其淳朴迷人。

阳宗海湖畔

阳宗海古称“大泽”、奕休湖，明朝时又称明湖。据史料记载，阳宗海是以驻地而得名的：南诏大理国时期设37部，明湖一带为强宗部，南宁宝佑四年（1256年）设强宗千户所。后强宗讹为阳宗，故名阳宗海。元代称阳宗为“大池”，池旁有温泉，故又名“汤池”。阳宗海景色秀丽，碧波粼粼，湖水清澈，深碧如明镜。沿湖岩壑嶙峋，陡绝峻美，据《澄江府志》记载：“此湖每遇晴空，云敛静影澄碧，渔歌互答，帆船往来宛若画图，景谓‘明湖澄碧’，为明、清时阳宗县的四景之一。”

阳宗海位于东经102°5′～103°02′，北纬24°51′～24°58′之间，地跨宜良、呈贡、澄江三县，位于澄江阳宗区北部，与宜良、呈贡两县接界，距阳宗城约4千米，为三县所有。

阳宗海旅游

在距阳宗海出水口 500 米处，有汤池温泉。温泉为高温硫磺泉，水温达 72℃，水热如汤，故名“汤池”。在约 0.5 平方千米范围内即出露 10 余处，主要有火龙井，大、小热水塘，仙人塘等。明代时已对此地进行开发，时称火龙泉。汤池温泉原建有浴池两处，每天可入浴近千人。近年来，改建成涌金泉旅游度假村，村内遍植鲜花，广置彩棚，培植草地。游人来到这里，只见各种鲜花竞相开放，姹紫嫣红；各色彩棚在阳光下艳丽夺目，熠熠生辉，鲜花争奇斗妍；温泉游泳池边芳草萋萋，一片青绿。即使在冬季，由于昆明地区的气候优势，这里仍然满目青翠，池水温度保持在 35℃～40℃，使人感受到春意融融、春暖花开的春的气息。

由于阳宗海系高原断陷湖泊，东西两岸，山势陡绝，南北两岸较平坦，土地肥沃，宜于发展农业生产。阳宗海湖内盛产出名的金线鱼，还产鲤鱼、青鱼、白鱼、杆鱼等十余种经济鱼类。

洱海，我国滇西著名的风景区，自古至今，一直是文人学士赞不绝口的“圣地”。

洱　海（中国）

洱海，中国云南省西部高原淡水湖泊，是滇西著名风景区。属断层湖。南北狭长如耳状，浪大如海，故名。湖面海拔 1，980 米，当水位海拔 1974 米时，湖面面积 250 平方千米，南北长 42.5 千米，最大湖宽 8.4 千米，平均湖宽 6.3 千米，湖水平均深度 15 米，最深 21 米，湖容量 28.8 亿立方米，底质为粉沙和黏土；在入湖河口附近滨岸水域内主要是泥沙和大量淤积物，深水区淤积的沉积物多为砂壤和带腐殖质的褐色黏土。入湖河溪大小共 117 条，北面主要为弥苜河、罗时江、永安江，西部汇有苍山十八溪水，南纳波罗江，东有海潮河、凤尾箐、玉龙河等小溪水汇入，出湖河流仅有西洱河，再与漾江汇合注入澜沧江。

洱海鱼类资源丰富，有弓鱼、鲫鱼、鲤鱼和细鳞鱼，其中弓鱼最为有名，当地有“鱼魁”之称。湖产龙爪菜是白族人民喜爱的传统菜。

洱海西面有点苍山横列如屏，东面有玉案山环绕衬托，空间环境极为优美，“水光万顷开天镜，山色四时环翠屏”，素有“银苍玉洱”、“高原明珠”之称。自古及今，不知有多少文人学士写下了对其赞美不绝的诗文。南诏清平官杨奇鲲在其被收入《全唐诗》的一首诗作中描写它“风里浪花吹又白，雨中岚影洗还清”；元代郭松年《大理行记》又称它“浩荡汪洋，烟波无际”。凡此种种，不胜枚举。洱海气候温和湿润，风光绮丽，景色宜人。巡游洱海，岛屿、岩穴、湖沼、沙洲、林木、村舍，各具风采，令人赏心悦目。古人将其概括为“三岛、四洲、五湖、

洱海风光

九曲”。

大理一年四季风景如画，在诸多风景名胜之中，以风、花、雪、月四景最为著名和引人入胜。其中的月，就是指“洱海月”。

洱海月，每到农历八月十五日的中秋节晚上，居住在大理洱海边的白族人家都要将木船划到洱海中，欣赏倒映在海中的金月亮。关于洱海月，流传最广的是天宫公主下凡的故事。传说天宫中有一位公主羡慕人间的美满幸福生活，下凡到洱海边上的一个渔村，与一渔民成婚。公主为了帮渔民们过上丰衣足食的生活，就把自己的宝镜沉入海底，把鱼群照得一清二楚，好让渔民们能打到更多的鱼。从此，宝镜就在海地变成了金月亮，放着光芒，照着世世代代的捕鱼人。

风、花、雪分别为下关风、上关花、苍山雪。

下关风，下关一年四季都有大风，有时风力达 8 级以上。关于下关风，还有一个美丽的传说。相传在苍山斜阳峰上住着一只白狐狸，她爱

洱海月

上了下关一位白族书生，于是化作人形和书生交往。他们相爱的事被洱海罗荃寺的法师罗荃发现了，便施法将书生打入洱海。狐女为救书生，去南海求救于观音，观音给她六瓶风，让她用瓶中的风将洱海水吹干，救出书生。当狐女带着六瓶风回到下关天生桥时，遭到了罗荃法师的暗算，跌倒在地，打碎了六瓶风，于是大风全聚集在天生桥上，故下关风特别大。按科学的解释是，苍山十九峰太高，挡住了东西两面的空气对流，而苍山斜阳峰和哀劳山脉的者摩山之间的下关天生桥峡谷仅为下关空气对流的出口，所以下关的风特别大，尤其是在冬春季节，行走在天生桥峡谷对着的街道上，大风吹得人站立不住。

上关花，上关位于大理苍山云弄峰之麓，是自唐代以来形成的拱卫大理的要塞。在关外花树村有棵名“十里香”的花树，传说为仙人吕洞宾所种，花大如莲，每年开 12 瓣，闰年开 13 瓣，花色黄白相间，美丽诱人。花后之果壳黑硬，可做朝珠，因而又叫朝珠花。到清代晚期，由于游观的人太多，特别是官府的达官贵人到此赏花，都要当地白族群众招待，群众忍受不了这种负担，于是把上关花砍了。据考证，上关花就是木莲花，此花在大理境内到处都可以见到。

苍山雪，苍山上的积雪为何千年不化，在大理民间流传着一个美丽的传说。相传在古代，有一批瘟神在大理坝子中横行霸道，使百姓十人得病九人亡。有白族两兄妹为拯救受苦人民，在观音的指引下学法归来，将瘟神都撵到了苍山顶上，让大雪冻死。为了让瘟神永不复生，妹妹还变作雪神，永远镇住苍山上的瘟神，于是苍山雪人峰就有了千年不化的白雪。

抚仙湖，是我国云南省的第三大湖，著名的旅游、沐浴、疗养胜地。

抚仙湖（中国）

抚仙湖，位于我国云南省玉溪市澄江、江川、华宁三县之间，距昆明市 60 多千米。抚仙湖是一个南北向的断层溶蚀湖泊，形如倒置葫芦，两端大、中间小，北部宽而深，南部窄而浅，中呈喉扼形。湖面海拔高度为 1721 米，湖面积 216.6 平方千米，仅次于滇池和洱海，为云南省第三大湖。湖水平均深度 87 米，最深处 157 米，湖容量达 189 亿立方米，

抚仙湖

夕阳下的抚仙湖

相当于12个滇池的水量，6个洱海水量，其深度和蓄水量是云南省第一大湖，我国已知的第二深水湖。湖水清澈纯净，透明度平均为8米，最大可达12.5米，是我国内陆淡水湖中水质最好的湖泊之一，居云南省湖泊之最。

抚仙湖水的补给除靠雨季四周沟溪汇集外，湖岸周围还有大量的泉水涌出。南有星云湖水注入，北有澄江梁王河、东大河、西大河及西龙潭、热水塘的泉水流入，东面的海口河是唯一的出水口，经江南盘江，归南海。

唐樊绰所写《蛮书》称抚仙湖为大池；《澄江府志》说："量水川即唐书架水县（今澄江、江川一带），大池，抚仙湖也。"据《明史·地理志》记载：澄江府"北有罗藏山（现名梁王山），南有抚仙湖，一名罗伽湖。"得此名可能和宋、元时南诏、大理段氏在澄江设罗伽部有关。

抚仙湖名与一个神话故事有关：相传玉皇大帝派了天上的石、肖二仙到人间巡查，来到滇中，只见一池碧水，波光粼粼，两仙人被湖光山色所迷，忘了回返，变为两块并肩搭手的巨石，永远站立湖边，故名抚仙湖。

沿湖山川秀丽，胜景很多。西面的尖山平地拔起，状如玉笋，雄伟峻峭，被称为“玉笋擎天”；东部有温泉，当地叫热水塘，泉口甚多，从山脚一直延伸到湖底，涌水量大，水温一般在40℃左右，水质含硫，是沐浴、疗养的理想之地；东北面的回龙山如大象长鼻，故称象鼻岭；南面山间的海门河，仅长一公里多；隔山连江川的星云湖，河中段有一堵伸到水面的赧色石壁，称“界鱼石”，其旁有一块石碑，碑文说：“星云湖栖息之大头鱼，抚仙湖生长的抗浪鱼，以石为界，不相往来。”古往今来，“界鱼石”曾吸引无数游人，现已辟为公园，供人们游览。离“界鱼石”西侧100多米处，还有一座始建于明天顺四年（1460年）的

抗浪鱼

海门桥，无桅杆的木船可从桥下过往于星云湖、抚仙湖间，桥身精雕细刻，美观大方。

湖中西南面，原有2个小岛，名大孤山和小孤山。明代曾建一座“饮虹桥”把两岛连接起来。现存大孤山，岛成椭圆形，形如鸡蛋，面积约半平方公里。上有岩洞，还有山峰，比湖面高40多米，面水一侧多断岩，沿岛湖水深奥莫测。岛中央旧有千岁松柏，为宋时大理国段氏所遗，但早已焚毁。

明时很多名人、学士以此岛为乐园，捐助钱银，兴建殿阁，逐渐出现了飞檐细雕的建筑群。至崇祯年间，岛上已具规模，计有殿八、阁五、亭三、堂一、庵一，还有一座铜塔，塔基广五尺，共13层，塔上有佛像、铃锋、扁额、对联，备极奇巧。孤山岛为当时澄江胜景。清朝江川令彭贤于康熙二十一年（1682年）在《重修孤山寺记》中这样写道：“孤山向为迤东胜景，辟草攀萝，遂脐其巅，始由烂柯石，探南天洞，登弄珠岩，俯鱼乐国，众山献翠，两海环碧，颇如吾楚潇湘洞庭。”蜀人杨慎也曾到孤山饱览风光，留下了一些诗篇。当时游人、隐士所留大量诗词、碑记说明：孤山不仅是“巍然形胜冠南州”，而且是“迁人骚客停留者不可胜纪”的地方。清朝初年，战火四起，社会动乱，孤山的古建筑遭到了毁坏。康熙十七年（1678年），虽有澄江知府王贞宇重建孤山，也只修了座孤山寺，已不及当年之宏伟。到民国时期，只留下一座破庙了。如今，孤山已经获得新生，并呈现着一派生机。

抚仙湖属淡水湖泊。湖水呈蓝绿色，含磷量高，因此，抚仙湖的湖水清澈而透明。明末徐霞客在他的滇游日记中写道：“滇山唯多土，故多勇流成海，而流多浑浊，唯抚仙湖最清。”徐霞客得出抚仙湖最清的结论是有科学道理的。因为汇入抚仙湖的水，首先流入星云湖进行了沉淀，再经过1千米长的海门河入抚仙湖，水就很清了。而抚仙湖本身所接纳之河流，源头都在沿湖一带山脉，长度都没有超过10千米，又多属泉水，也无浑浊之泥沙。比如，西大河水源主要是西龙潭泉水，这股泉水每天以 5 万多立方米的水量涌出，流程也只 4 千米左右，还有如热水塘的泉水就在湖边，有的就出在湖底。其他河流，洪水季节虽带一点泥水，但雨过即停，且湖水深，沉底之泥沙，任凭风浪再大，也难翻起浊水来，这就是抚仙湖水清的原因。

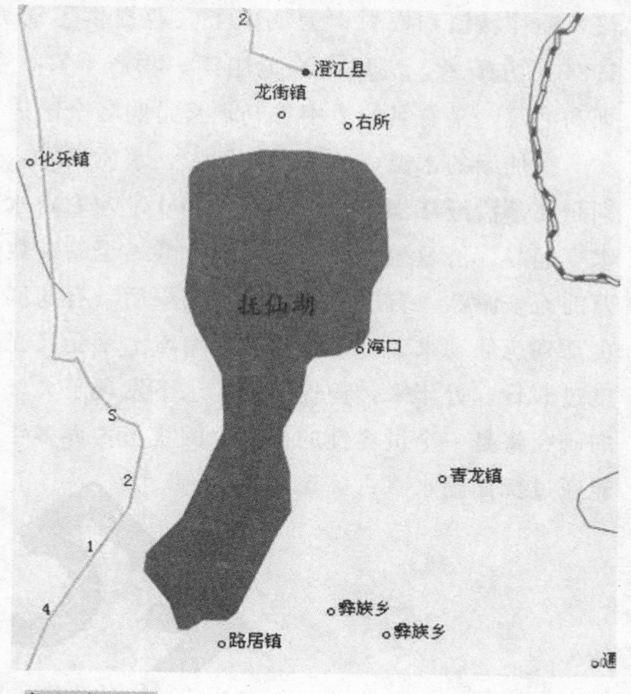

抚仙湖地图

由于湖周围自然环境没有受到大的破坏，至今，抚仙湖仍然是云南省未受到污染的湖泊。诗人们形容为“琉璃万顷”，这是一点也不夸张的。它是云贵高原上一颗晶莹的明珠。波涛翻动时，白浪如朵朵睡莲竞相开放，又似串串银链滚动；无波时如明镜般一片澄清碧绿。远山近水，洲岛错落，使人心旷神怡，爽快清新。

抚仙湖因湖水深、风浪大，湖中的挺水植物和浮游植物不易生长，浮游生物以及底栖生物如螺蛳、蚌、虾也很少，只在沿湖浅水一带才有生长。这种多风的水域环境，使湖内主产抗浪鱼，也是抚仙湖的特产。

抚仙湖的水利资源相当丰富，蓄水量大，引湖水能灌溉沿岸良田，又有航运之便。更主要的是，出水口的海口河落差很大，河长仅 15.25 千米，落差达 385 米，经勘察可分 6 级建成梯级电站。现在澄江和华宁两县人民已建成 2 级，其中有一级还与昆明电力并网，源源不断的电流，输往城镇和农村，为滇中工农业提供了动力。抚仙湖流域面积达1084平方千米，流域内土地肥沃，物产丰富，主产稻、麦、蚕豆、烤烟和油菜，是有名的滇中谷仓，又是闻名全国的云烟之乡。

抚仙湖的水温，冬夏变化不大，水质又好，是极好的游泳之地。特别是北部沿澄江坝子一带，近岸200米左右，水深仅在1米～3米，湖水亮晶晶，清盈盈，湖底全铺细沙伸延至湖岸数米，每年吸引着成千上万的人来游泳。自昆明滇池出现污染后，有的群众，甚至专业游泳队伍也常到抚仙湖来训练、游泳，在海滩上享受日光浴，愉快地在抚仙湖畔度过假日。近年来，在抚仙湖的水下发现了大量人工建筑的遗迹，对它的研究将是一个世界性的课题。困扰考古界多年的古滇文明谜团，很可能通过抚仙湖水下古迹揭开。

本篇简介

Benpian jianjie

青海湖是一处富有神奇色彩的游览地，不同的季节，不同的景色，是世人向往的“世外桃源”。

青海湖（中国）

青海湖，我国最大的咸水湖。在青海省东北部。蒙古语称“库库诺尔”，意为“青色的湖”。由祁连山的大通山、日月山与青海南山之间的断层陷落形成，面积4583平方千米。湖面海拔3195米，最深32.8米。西北有布哈河注入。近年湖水位有下降趋势。每年12月封冻，冰期6个月，冰厚半米以上。湖中有5个小岛，以海心山最大，其他的4

青海湖

岛为鸟岛、海西山、沙岛、三块石。

青海湖中的海心山和鸟岛都是游览胜地。海心山又称龙驹岛，面积约1平方千米。岛上岩石嶙峋，景色旖旎，以产龙驹而闻名。鸟岛位于青海湖西部，在流注湖内的第一大河布哈河附近，面积只有0.5平方千米，春夏季节栖息着10万多只候鸟。现已建立了鸟岛自然保护区。

海心山，位于青海湖中心略偏南，距鸟岛约25千米，岛形长，中部宽而两端窄，长2.3千米，宽0.8千米，面积1.14平方千米，岛上最高点海拔3266米，由花岗岩、片麻岩组成，岛东缘有一泉眼，可供饮用。南部边缘岩石裸露形成陡崖，东、西、北为平缓滩地。岛上大部分为沙土覆盖，生长着冰草、芨芨草、镰形棘豆、蒿草、披针叶黄花、西伯利亚黄精等，植被覆盖度在50%以上，鸟禽集中在岛崖边及碎石滩地栖息。

海心山

鸟　岛

鸟岛，又名“小西山”或“蛋岛”（因鸟蛋遍地，故名）。位于布哈河口以北 4 千米处，岛的东头大，西头窄长，形似蝌蚪，全长 1500 米，1978 年以后北、西、南三面湖底外露与陆地连在一起。鸟岛坡度平缓，地表由沙土、石块覆盖，岛的西南边有几处泉水涌流。主要植物有二裂季陵菜、白藜、冰草、镰形棘豆、西伯利亚蓼、蒿草、早熟禾等。鸟岛是亚洲特有的鸟禽繁殖所，是我国 8 大鸟类保护区之首。每年 3～4 月，从南方迁徙来的雁、鸭、鹤、鸥等候鸟陆续到青海湖营巢；5～6 月间鸟蛋遍地，幼鸟成群，热闹非凡，声扬数里，此时岛上有 30 余种鸟，数量达 16.5 万余只；7～8 月，秋高气爽，群鸟翱翔蓝天，游弋湖面；9 月底开始南迁。为保护鸟类供人观赏，1975 年 8 月建立鸟岛自然保护区，1980 年被列为国家级自然保护区，1986 年兴建了暗道、地堡、瞭望台等设施，供游人观赏等。南北均有公路到达鸟岛。

海西山，又名“海西皮”，位于布哈河口以北的6千米，与鸟岛同处在布哈河冲积滩地的顶端，岛的东北缘有断层陡崖紧靠湖边，陡崖外有一近似圆柱形的岩石屹立于湖中，是鸬鹚的繁殖场所，岛上植被覆盖度在90%以上。

沙岛，位于湖东北海晏县境内，曾是湖中最大的岛屿，长约13千米，最宽处约2.8千米，面积18平方千米，岛上最高点海拔3252米，是湖中砂垄突出水面受风沙堆积形成。1980年沙岛东北端与陆地相连而成为半岛，并围成33平方千米沙岛湖，表面均由沙砾覆盖，无植被，是鱼鸥栖息繁殖地。

青海湖鸟岛

三块石，又名“孤插山”，位于湖西南，由7块密集在一起的石灰石、礁石组成，高约17米，面积约0.056平方千米，距鸟岛、海心山20千米。岛上仅在碎石块间隙生长有牛尾蒿等。植被覆盖不到5%。

青海湖古称“西海”，又称“鲜水”或“鲜海”。由于青海湖一带早先属于卑禾羌的牧地，所以又叫“卑禾羌海”，汉代也有人称它为“仙海”。从北魏起才更名为“青海”。青海湖地处高原的东北部，湖的四周被巍巍高山所环抱。北面是崇宏壮丽的大通山，东面是巍峨雄伟的日月山，南面是逶迤绵延的青海南山，西面是峥嵘嵯峨的橡皮山。这4座大山海拔都在3600～5000米之间。举目环顾，犹如4幅高高的天然屏障，将青海湖紧紧环抱其中。从山下到湖畔，则是广袤平坦、苍茫无际的千里草原，而烟波浩淼、碧波连天的青海湖，就像是一盏巨大的翡翠玉盘平嵌在高山、草原之间，构成了一幅山、湖、草原相映成趣的壮美风光和绮丽景色。

湖区有大小河流近30条。湖东岸有2个子湖，一名尕海，面积10余平方千米，系咸水；一名耳海，面积4平方千米，为淡水，在青海湖畔眺望，苍翠的远山，合围环抱；碧澄的湖水，波光潋滟；一望无际的湖面上，碧波连天，雪山倒映，鱼群欢跃，万鸟翱翔。青海湖周围是茫茫草原。湖滨地势开阔平坦，水源充足，气候比较温和，是水草丰美的天然牧场。夏秋季的大草原，绿茵如毯。金黄色的油菜，迎风飘香；牧民的帐篷，星罗棋布；成群的牛羊，飘动如云。日出日落的迷人景色，充满了诗情画意，使人心旷神怡。

青海湖

青海湖在不同的季节里，景色迥然不同。夏秋季节，当四周巍巍的群山和西岸辽阔的草原披上绿装的时候，青海湖畔山清水秀，天高气爽，景色十分绮丽。辽阔起伏的千里草原就像铺上一层厚厚的绿色绒毯，那五彩缤纷的野花，把绿色的绒毯点缀得如锦似缎，数不尽的牛羊和膘肥体壮的骢马犹如五彩斑驳的珍珠洒满草原；湖畔大片整齐如画的农田麦浪翻滚，菜花泛金，芳香四溢；那碧波万顷，水天一色的青海湖，好似一泓玻璃琼浆在轻轻荡漾。而寒冷的冬季，当寒流到来的时候，四周群山和草原变得一片枯黄，有时还要披上一层厚厚的银装。每年 11 月份，青海湖便开始结冰，浩瀚碧澄的湖面，冰封玉砌，银装素裹，就像一面巨大的宝镜，在阳光下熠熠闪亮，终日放射着夺目的光辉。

青海湖以盛产湟鱼而闻名，鱼类资源十分丰富，是我国西北地区最大的天然鱼库。四五月间，鱼群游向附近河流产卵，布哈河口密密麻麻的鱼群铺盖水面，使湖水呈现黄色，鱼儿游动有声，翻腾跳跃，异常壮观。很值得提及的是，这里产的冰鱼较为著名。每到冰季，青海湖冰封后，人们在冰面钻孔捕鱼，水下的鱼儿，在阳光或灯光的诱惑下便自动跳出冰孔，捕而烹食味道鲜美。

居住在这里的汉、藏、蒙古等各族人民和睦相处，共同保护、开发和建设这浩瀚的宝湖。青海湖的美景吸引着成千上万游人，成为国内外旅游者云集的游览胜地。为了开发正在兴起的高原旅游事业，青海旅游部门在青海湖建立了旅游点。游客到此不仅可以观赏高原牧区风光，还可以乘马骑牦牛，漫游草原，攀登沙丘，或到牧民家里访问，领略藏族牧民风情。牧场还专门为游客扎下各式帐篷，备有奶茶、酥油、炒面和青稞美酒供游客品尝。

青海湖为构造断陷湖，湖盆边缘多与周围山相接。距今 20 万年～200 万年前为成湖初期，是一个大淡水湖泊，与黄河水系相通，那时气候温和多雨，湖水通过东南部的倒淌河泄入黄河，是一个外流湖。至

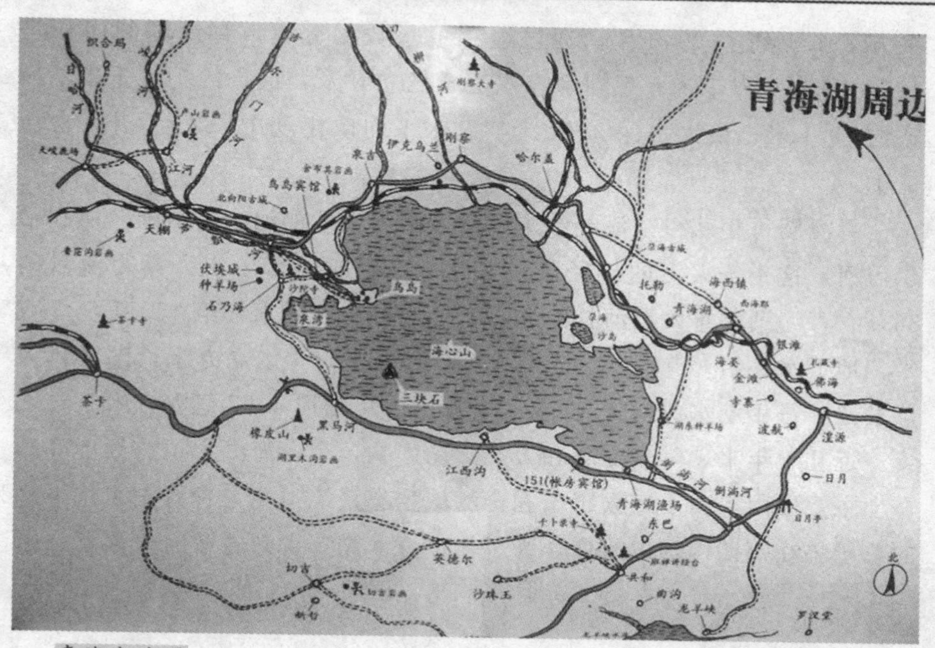

青海湖地图

13 万年前，由于新构造运动，湖东部的日月山、野牛山迅速上升隆起，使原来注入黄河的倒淌河被堵塞，迫使它由东向西流入青海湖，出现了尕海、耳海，后又分离出海晏湖、沙岛湖等子湖。由于外泄通道堵塞，青海湖遂演变成了闭塞湖。加上气候变干，青海湖也由淡水湖逐渐变成咸水湖。北魏时青海湖的周长号称千里，唐代为 400 千米，清乾隆时减为 350 千米。在布哈河三角洲前缘约 20 千米处有古湖堤遗址；距湖东岸 25 千米处的察汉城（建于汉代），原在湖滨。东西两边已分别退缩 25 千米和 20 千米，水位下降约 100 米。目前青海湖呈椭圆形，周长 300 余千米。1908 年俄国人柯兹洛夫推测当时湖面水位 3205 米，湖面积为 4800 平方千米；上世纪 50 年代的测绘资料显示，青海湖湖水面积为 4568 多平方千米；上世纪 70 年代出版的地形图量得湖水位 3195 米左右。湖面积为 4473 平方千米；1988 年水位 3193.59 米，湖面积为 4282

平方千米，到了 2000 年，通过遥感卫星数据分析，青海湖的面积是 4256.04 多平方千米。现湖水容积 739 亿立方米，最长约 104 千米，最宽约 62 千米，最大水深 3.14 米，湖水平均矿化度 12.32 克/升，含盐量 1.24%。

青海湖每年获得径流补给主要是布哈河、沙柳河、乌哈阿兰河和哈尔盖河，这 4 条大河的年径流量达 16.12 亿立方米，占入湖径流量的 86%。青海湖每年入湖河补给 13.35 亿立方米，降水补给 15.57 亿立方米，地下水补给 4.01 亿立方米，总补给为 34.93 亿立方米，湖区风大蒸发快，每年湖水蒸发量 39.3 亿立方米，年均损 4.37 亿立方米。

近几十年来，气候变暖和人类活动影响，是青海湖水位持续下降的一个主要原因。由于气候暖干和全流域生态系统退化，青海湖水位下降的总趋势在短期内难以改变。为了保护青海湖，青海省政府采取了一系

青海湖岸风光

列有效措施，启动青海湖流域生态环境保护与综合治理项目，投资近16亿元人民币，力争在10年内最大程度恢复青海湖原生态。

青海湖岸边有辽阔的天然牧场，有肥沃的大片良田，有丰富的矿产资源。这里冬季多雪，夏秋多雨，水源充足，雨量充沛，对发展畜牧业和农业有着良好的条件。早在遥远的古代，这里就是马、牛、羊等牲畜的重要产地。青海湖一带所产的马在春秋战国时代就很出名，当时被称为“秦马”。古代名著《诗经》曾描写过“秦马”的雄壮和善驰。隋唐时代，这里产的马经过与“乌孙马”、“血汗马”交配改良，发展成为独具特色的良马，它不仅以神骏善驰而驰名，而且以能征惯战而著称。

青海湖，既是国家级自然保护区，又是国家4A级旅游风景区，同时，还是国务院批准的国家重点风景名胜区。其自然风景独特，生态地位重要，更是青藏高原生物多样性最丰富的地区之一。

本篇简介 Benpian jianjie

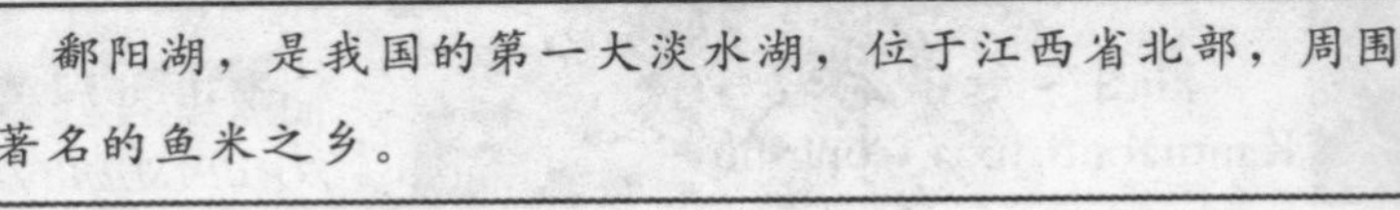

鄱阳湖，是我国的第一大淡水湖，位于江西省北部，周围是著名的鱼米之乡。

鄱阳湖（中国）

我国江西省鄱阳湖是世界上七个重要湿地之一和我国最大的吞吐性淡水湖，该湖对生物多样性保护、长江洪水的调蓄和长江水资源的管理都具有十分重要的意义。

鄱阳湖南北长 173 千米，东西最宽处达 74 千米，平均宽 16.9 千米，湖岸线长 1200 千米，湖体面积 3583 平方千米（湖口水位 21.71 米），平均水深 8.4 米，最深处 25.1 米左右，容积约 276 亿立方米。它

鄱阳湖

鄱阳湖风光

承纳赣江、抚河、信江、饶河、修河五大河。经调蓄后，由湖口注入我国第一大河——长江，每年流入长江的水量超过黄、淮、海三河水量的总和，是一个季节性、吞吐型的湖泊。鄱阳湖水系流域面积 16.22 万平方千米，约占江西省流域面积的 97%，占长江流域面积的 9%：其水系年均径流量为 1525 亿立方米，约占长江流域年均径流量的 16.3%。

鄱阳湖在九江的水面约 20 万公顷，流域有都昌、湖口、星子、永修、德安、庐山区等六个县（区），它是赣北的一颗明珠。烟波浩渺、水域辽阔的鄱阳湖，经过漫长的地质演变，形成南宽北狭的形状，犹如一只巨大的宝葫芦系在万里长江的腰带上。由于带有大量水蒸气的东南季风的影响，鄱阳湖年降雨量在 1000 毫米以上，从而形成“泽国芳草碧，梅黄烟雨中”的湿润季风型气候，并使该地区成为著名的鱼米之乡。

在我国的湖泊中，鄱阳湖具有最大的淡水水产养殖的水域，是长江中一些珍贵鱼类漫游、产卵与育肥的场所。水域中有鱼类 122 种、浮游植物 50 种。鄱阳湖还有 200 万亩草洲，每年 10 月至翌年 3 月，有数十万只珍禽候鸟来这里越冬。1983 年 6 月，江西省政府在永修县吴城镇建立了鄱阳湖候鸟自然保护区；1988 年 5 月经国务院批准成为国家级自然保护区。这个保护区是目前世界上最大的越冬白鹤群体所在地，白鹤种群约占全球的 98% 以上，也是迄今发现的世界上最大的鸿雁群体所在地，鸿雁数量达 3 万只以上。保护区栖息着 54 种国家级保护动物，有 13 种鸟类被国际鸟类保护组织列为世界濒危鸟类。丰富珍贵的鸟类资源为我国赢得了声誉。世界自然基金会会长——英国菲利普亲王，丹麦亨利克亲王及国内外专家、学者都专程来到这里考察，众多的国内外旅游者纷纷慕名前来游览，称这里是“珍禽王国”、“中国第二长城”。每年都有许多游客和外国人冬季到保护区观鸟，观鸟的季节为 11 月至翌年 3 月。

湖区著名的景点有紫阳堤、落星墩、湖滨沙滩、火焰山、老爷庙等。

紫阳堤，是由花岗石砌成的堤坝，为宋朝朱熹任南知军时修建，因朱熹号“紫阳”，当地人民为纪念他而取名“紫阳堤”。

鄱阳湖中的鸟群

落星墩，位于星子县城南 2 千米的湖中，郦道元《水经注》中载：“落星石，周回百余步，高五丈，上生竹木，传曰有星坠此以名焉”，星子县便因此而得名。五代时，落星墩被封为宝石山，宋初曾在其上建亭院，王安石、黄庭坚、朱熹游此皆有题咏，王安石诗中所形容的“万里长江一酒杯”更是千古名句。驻足落星寺，远眺庐山秀色，近看鄱湖美景，金鳞竞跃，白鹭翻飞，田园诗人陶渊明当年“舟遥遥以轻扬，风飘飘而吹衣”的归田情景，仿佛依稀可见。

湖滨沙滩，由落星墩乘快艇向东南行八分钟，映入眼帘的是一望无垠的“十里金滩”。这里坡平沙细，阳光充足，是非常好的阳光浴、沙浴、湖浴场所，湖滨沙滩将以自然、纯朴的丰姿，使游客尽情享受沙滩而不必去沿海。

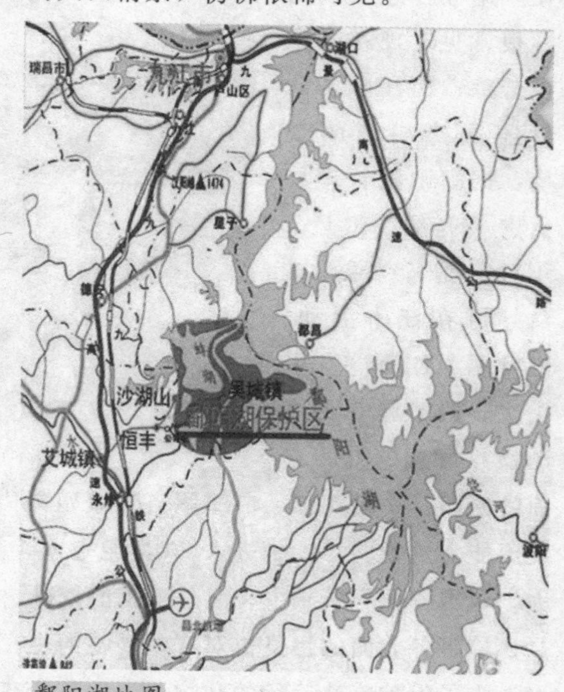

鄱阳湖地图

火焰山，位于旅游码头东北8千米的湖中，由砂砾岩组成的石群千姿百态，形状各异且呈赤色，所以当地百姓皆称此景为“火焰山”，置身其中，不禁令人赞叹大自然鬼斧神工的奇特，尽享神秘、幽静似仙境般的美妙。

老爷庙，又名“显应宫”。史料记载：“元末，明太祖与伪汉战于鄱阳。初失利，走湖滨，遇老人舣舟近岸，太祖得济，赐以金环，返顾之则鼋也。是夕，宿祠中，题诗于壁。”之后，明太祖御封之为“元将军庙”。老爷庙门前的水域有“中国百慕大”之称，水流湍急，水文地质条件复杂，更使老爷庙增添了一份神秘色彩。

鄱阳湖是白鳍豚、江豚、中华鲟、白鹤等多种珍稀野生动物的栖息地。近些年来，由于长江水质污染加重，生态环境恶化，白鳍豚、江豚等珍稀野生动物的生存环境遭到破坏，它们的数量骤减。现在这些珍稀动物在长江流域已经很难见到，在鄱阳湖等少数几个地方偶尔会出现。在鄱阳湖，过去白鳍豚很常见，现在却难觅芳踪；而江豚的数量还保持相当的规模。据鄱阳湖管理局负责人介绍，最近 2 年只发现一到两头次白鳍豚在江中活动，但发现了江豚 300 多头次。白鳍豚等野生动物数目减少有四方面的原因：一是江豚、白鳍豚自然繁殖能力比较低，生长周期比较长，发展能力比较弱；二是进入 20 世纪七八十年代以后，由于捕捞强度加大，鱼类资源有所减少；三是人工的挖砂、爆破、长江航运的影响；四是环境等各方面的污染也对这些动物的生存造成了一定的影响。

鄱阳渔舟

为了保护这些珍稀的动物，当地政府在鄱阳湖地区设立了江豚等动物的保护区，保护区内每年都进行几个月的休渔，以便使这些动物能够更好地繁殖。通过多年来的宣传和管理，珍稀候鸟被捕杀、走私的现象明显地减少。与此同时，保护区内发展种植业，养殖业、渔民也就告别了靠捕鱼为生的传统生活方式，这样就使人与鸟争鱼的现象得到了很大的改观，可以为鸟类提供更多的食物来源。

鄱阳湖湖面范围北起湖口，南达三阳，西起关城，东达波阳。南宽北狭，形似葫芦。葫芦的长颈是一条狭长的通往长江的港道。鄱阳湖湖面水位的涨落，随着季节的变化而变化，湖面的伸缩范围在 1000 千米左右。湖水最大量在3～7月份，这是由于江西境内春夏两季降水最多的缘故。秋冬两季，湖面可缩小1/7～1/6，仅剩几条航道，湖滩出露，绿草繁茂，形成坦荡的湖滨区，是冬候鸟的理想的越冬地。

湖上风光在西鄱湖"葫芦颈"一带最佳。那里水深崖陡，美景天成。在"颈"的深处，北离湖口不远，碧波中突起一座小石岛，名为大孤山（亦称大姑山），与长江又一石岛——小孤山遥遥相对。这引起历代许多诗客的旅思，其中尤以唐人顾况的"大孤山远小孤山，月照洞庭归客船"（《小孤山》）最为深沉隽永。

大孤山一头高一头低，远望似一只巨鞋浮于碧波之中，故又称"鞋山"。它高出湖面约70米，周长百余米，一峰耸峙，峻峭秀丽，古时有"蓬莱仙岛"之称。山上劲松挺拔，绿树葱郁，林中点缀着一座美丽的古代建筑——天花宫，殿宇雄伟，塑像辉煌，平日晨钟暮鼓，梵乐声声，令人飘飘欲仙。登山四顾，茫茫鄱湖云水和西面庐山秀色，悉在眼下。明代陈云德有诗赞道："谁削青芙蓉，独插彭湖里。平分五老云，远挹九江水。日月共吞吐，烟霞互流徒。大力障狂澜，与天相终始。"

关于湖岛鞋山，当地还流传着一个神话传说故事。据说古代有一个渔夫叫胡青，他在湖上打鱼时，与天界瑶池玉女大姑相遇，后来相爱成亲。此事被渔霸盛泰得知，即要抢大姑。玉帝得知此事，派天兵天将把大姑带走，盛泰乘机抓去胡青。大姑从天上丢下一只绣花鞋把盛泰一伙压住，这只绣花鞋便变作了鞋山。鞋山又名大姑山，其由来大概也出于此。

在鞋山的西南，有一伸入湖中的山嘴，嘴的前端有一块上大下小的孤立石墩，高约16米，墩粗11～12米，好像一只嘴向鄱阳、背依庐山、鼓噪蹲立于湖滩上的大青蛙。它与鞋山一样，都是湖浪"吞食"未完的"湖硅"。其向湖一面受波浪拍击，下部渐渐向内凹退，上部显得突出悬空在湖面上。远远望去，活像一只顶波送浪、跃跃欲试的青蛙，迎扑着湖中遥遥相对的鞋山，真乃栩栩如生。

在鄱阳湖与长江汇合处，即湖口的东南岸，巍然耸立着石钟山。它虽然高不过50余米，但危崖临流，峻峰壁立，由船上仰视，如与天相连，石钟山，实际上不是一座山，而是两座山，都由石灰岩构成，下部均有洞穴，形如覆钟，面临深潭，微风鼓浪，水石相击，响声如洪钟，故皆名为“石钟山”。两山分据南北，相隔不到1000米。南面一座濒临鄱阳湖，称上钟山；北面一座濒临长江，称下钟山。它两山合称“双钟山”。登两山远眺，襟带江湖，波光浩渺，天高水远，洲渚回合，展现出“水分林下清冷浪，山峙云间峭峻峰”的独特景观，气势雄伟磅礴。

双钟山中，著名的是下钟山，突兀峥荣，傲然屹立于长江鄱湖之滨，犹如一把锁挂在湖口“门”前，故有“江湖锁钥”之称。每到多事之秋，便成为兵家相争之地。承平之世，则游人不绝，成为游览胜境。山上亭阁玲珑，回廊曲折；建筑结构优美，布局变化如画。“江天一览亭”面临长江，“大雄宝殿”雄踞山巅，“锁江亭”、“浣香别墅”、“怀苏

石钟山

亭”、“听涛眺雨轩”、“芸芍斋”等皆因势构筑，上下错综，左右散布，曲径沟通，回廊相接，庭院穿插，花墙点缀，显得处处通幽，美不胜收。

下钟山人工园林优美，天然美景更引人入胜。山前长江的茫茫迷雾和滔滔江水把山的轮廓勾勒得格外嶙峋有致。若乘小船从石钟山脚下驶过，但见红岩壁立，岩壁上的青松直伸入天际，没入水中的岩石被浪涛拍打得玲珑剔透，一行行幽邃曲折的穴缝迎水而入，仿佛通向深深的远处。如登至山顶极目眺望，只见长江浩荡而来，一泻千里，鄱阳湖水万川归一，蜂拥而出。江、湖水的汇合处，水线分明，江流混浊，湖水碧清，以截然不同的水色“划”出了一条奇妙的界线。

石钟山以其雄奇秀丽的景色，吸引着历代众多的文人墨客慕名而至，留下了许多诗文题记。尤其是大文豪苏轼夜乘小船，泊于绝壁之下，探访石钟，写下了著名的《石钟山记》，成为后来脍炙人口的佳篇

南　山

名记。

靠近都昌县的鄱阳湖中，有一挺拔秀丽的南山，像器宇轩昂的中流砥柱，耸立在万顷碧波中。苏东坡曾慕名游南山，写下了《过都昌》的著名诗篇："鄱阳湖上都昌县，灯火楼台一万家。水隔南山人不渡，东风吹老碧桃花。"

南山与都昌县城隔水相望，如今，在县城与南山之间，已筑起一道横贯鄱阳湖水面的石砌长堤。一虹长堤成坦途，人可安步到南山，再也不用感叹"水隔南山人不渡"了。

南山的胜迹主要以野老岩和野老泉而载誉。据《都昌县志》记载："野老岩、泉，在邑治南山上。相传汉时有老人处岩下，武帝南巡，欲举之，老人辞不出，后人因名其岩曰'野老岩'。岩下有石罅，中出泉，甘洁清冽，虽大旱不枯。宋学士苏轼尝游此，悦其泉，乃于岩上刻'野老泉'三字，自是泉与岩并知名于远近矣。"

在野老泉的近侧，有一状如圆椅的巨石，这就是"翻经台"。相传南北朝时著名文人谢灵运曾在这巨石上读过经书，因此得名。翻经台上侧有南山古寺，始建于唐代，原名"清隐寺"。宋代熙宁七年（1074年），改名为"清隐禅寺"。宋代著名诗人兼书法家黄庭坚，曾慕名来游南山，写下了《清隐禅院寺》。现存的屋宇，是明代嘉靖年间重建，又经清代重修。

鄱阳湖国家级自然保护区它以永修县吴城镇为中心，纵横永修、星子、新建等县管辖鄱阳湖内的九个湖泊，总面积 224 平方千米。

鄱阳湖属吞吐性湖泊。每年 4 至 9 月份汛期，湖水上涨，最大面积达 4600 平方千米。这时鄱阳湖一片汪洋，水生生物鱼、虾、螺、蚌及水草大量繁殖。10 月～翌年 3 月为枯水期，水位大降，湖水面积减至 500 平方千米左右，形成大面积的湖滩、草洲、沼泽湿地、浅水湖泊。水退之后，水草、螺、蚌等便成为候鸟丰盛的食物。因此，在每年秋末冬初（11 月），从俄国西伯利亚、蒙古、日本、朝鲜以及中国东北、西北等地，飞来成千上万只候鸟，当鸟群飞来时，遮天蔽日，蔚为壮观。它们和原来定居在这里的野鸭、鹭、鸳鸯等一起度过冬天，直到翌年春（3月）逐渐离去。如今，保护区内鸟类已达200多种，上百万只，其中珍禽20多种，已是世界上最大的鸟类保护区。尤其可喜的是在这里发现了当代世界上最大的白鹤群以及白枕鹤、白头鹤、灰鹤等，总数达4000只以上，1989年发现白鹤竟达2600余只，占全世界白鹤总数的95％。因此，鄱阳湖被称为“白鹤世界”、“珍禽王国”。

这里的其他珍禽还有白鹳、黑鹳、大鸨、小天鹅、白琵鹭、鸳鸯、鹈鹕、白额雁等珍稀鸟。由于保护区内鸟类密集，时常可见“飞时遮尽云和月，落时不见湖边草”的壮观美景。由旅游码头乘船向南四十千米，便是候鸟观赏区。作为一种新型的旅游项目，正越来越受到国内外旅游者的青睐。因此，这里成了中外游客冬季观鸟旅游的最佳天地。

本篇简介 Benpian jianjie

洞庭湖，地处我国湘、鄂两省之间，是我国五大淡水湖之一，洞庭湖区也是我国重要的商品粮基地。

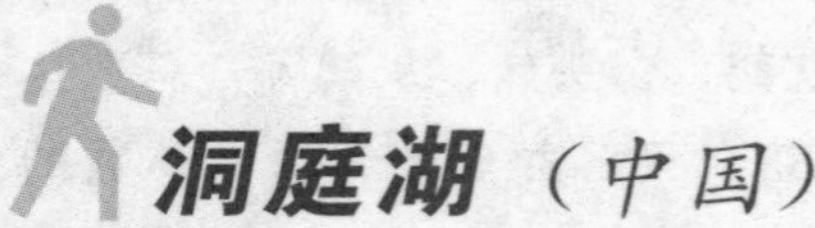

洞庭湖（中国）

洞庭湖位于荆江南岸，湖南省的北部，界湘、鄂两省之间，面积辽阔，是中国五大淡水湖之一。洞庭湖东、南、西三面环山，北部敞口的马蹄形盆地，西北高，东南低；湖面海拔平均 33.5 米，其中西洞庭湖

洞庭湖

洞庭渔人

35～36米，南洞庭湖34～35米，东洞庭湖33～34米，平均水深6～7米，最深处30.8米，总面积约2691平方千米，其中西洞庭湖345平方千米，南洞庭湖917平方千米，东洞庭湖1478平方千米，湖水蓄量178亿立方米；底质多泥或淤泥型；主要入湖河流有湘江、资江、沅江、澧江四水、长江三口、汨罗江、藕池东支、华容河。洞庭湖像一个巨大的水库，容纳湖南四水的水量并起着吞吐长江洪水的作用。

湖南境内所指的洞庭湖区，习惯上把湘、资、沅、澧四水尾闾受堤防保护的地区都计算在内。因此，就行政范围来说，它包括19个县、7个市、15个国营农场的全部或一部分，其中，纯湖区包括有常德、汉寿、华容、望城等12个县，常德、益阳、岳阳、津市4个市和15个国营农场。

现在洞庭湖区的范围，北至荆江，西至澧县、常德，南至沅江、汉寿、益阳，东至湘阴、汨罗、岳阳，面积约为18780平方千米，地势北高南低，天然湖泊面积约为2691平方千米（元明到清代中期面积为6270平方千米，1949年为4700平方千米），洪水时期，一片汪洋，枯水时期，洲滩毕露。据自然形态划分为东洞庭湖、南洞庭湖、西洞庭湖目平湖及其他小湖泊。洞庭湖区北通长江，内联“四水”，湖泊星罗棋布，河渠纵横交错，干支流相连成为湖南省水运的中心。洞庭湖水系的补给多以雨水为主。长江水量经三口分流入湖；湘、资、沅、澧四水水量充沛，对湖泊的补给量也大。其水量平衡的特点是：出入湖泊径流量所占比重很大，洞庭湖的入湖径流量与出湖径流量均分别占全湖水量总出入的90%以上，湖面降水与蒸发所占比例相对很少。另一个特点是，两者数量几乎相近，即出口水量与入湖水量为1.04∶1.15，说明湖泊吞吐量接近。

洞庭湖仙鹤

湖水经城陵矶排入长江。通常年份，四口与四水入湖洪峰彼此错开。因而有“容纳四水”、“吞吐长江”的调节作用，减轻了长江中游的洪水压力。若出现“江湖并涨”，就易泛滥成灾。1952年兴建荆江分洪工程和蓄洪垦殖区，使部分洪水泄入分洪区，并整修了湖区堤垸水道，减轻了洪水对洞庭湖区的威胁。

由于四水和四口携带大量泥沙，每年约有1.28亿吨泥沙淤积湖底，又因湖滨土质肥沃，人们不断围垦，近百年来湖盆已显著收缩。洞庭湖原为中国第一大淡水湖，现已退居第二。1825年时湖水面积约6000平方千米，1890年为5400平方千米，1932年为4700平方千米，1960年已减为3141平方千米。前些时以湖面高程34.5米计，湖水面积已减为2820平方千米。由于近年来加强了对湖泊区域的保护，实行退耕还湖，现已使湖泊面积增至为3968平方千米。

洞庭湖是燕山运动断陷所形成，第四纪至今，均处于振荡式的负向运动中，形成外围高、中部低平的碟形盆地。盆缘有桃花山、太阳山、太浮山等500米左右高的岛状山地突起，环湖丘陵海拔在250米以下，滨湖岗地低于120米者为侵蚀阶地，低于60米者为基座和 堆积阶地；中部由湖积、河湖冲积、河口三角洲和外湖组成的堆积平原，大多在25米～45米，呈现水网平原景观。分为西、南、东洞庭湖。湖底地面自西北向东南微倾。

湖区年均温16.4℃～17℃，1月3.8℃～4.5℃，绝对最低温－18.1℃（临湘1969年1月31日）。7月29℃左右，绝对最高温43.6℃（益阳）。无霜期258～275天。年降水量1100毫米～1400毫米，由外围山丘向内部平原减少。4～6月降雨占年总降水量50％以上，多为大雨和暴雨；若遇各水洪峰齐集，易成洪、涝、渍灾。

洞庭湖，先秦至汉晋时期，因河流入湖三角洲不断向湖中伸展，湖面分割缩小，湖区边缘出现洲滩与分隔的湖群。4～19世纪，洞庭湖继续缓慢沉降，洞庭湖水系受长江分流南下影响，洞庭湖一直向东扩展。清道光年间（1821～1850年）洞

洞庭风景

庭湖到达全盛时期，周极 400 余千米，洪水湖面达 6000 余平方千米。百余年来，长江数次大水往南溃决，形成四口分流局面，江水挟带大量泥沙入湖，湖泊迅速淤塞萎缩，现有水域不及全盛时期之半。20 世纪 80 年代以来，西洞庭湖和南洞庭湖（北部）正向沼泽化演变。

洞庭湖湖滨平原地势平坦，土地肥美，气候温和，雨水充沛，盛产稻米、棉花。湖内水产丰富，航运便利。

洞庭湖区经 1954 年、1964 年和 20 世纪 70 年代三阶段以治水为中心的农田基本建设，已成为中国重要的商品粮基地之一、重点淡水渔区之一。湖泊以定居性鱼类为主，有咸淡水洄游性鱼类和江湖半洄游鱼类 114 种，主要经济鱼类有草、鲢、鳙、鳊、鲂、鳜等 12 种。芦苇遍布湖洲，面积 6 万公顷，90%用于造纸。洞庭湖区有通航河道 147 条，通航里程 3276 千米，常年通航河道 75 条，其中主要航道 16 条计 996 千米。此外，城陵矶于 1980 年改为外贸港，设计吃水能力 200 万吨。

君　山

滨湖的风光极为秀丽，许多景点都是国家级的风景区，如岳阳楼、君山、杜甫墓、杨么寨、铁经幢、屈子祠、跃龙塔、文庙、龙州书院等。在东洞庭湖与长江的接界处——城陵矶，有一块名为三江口的地方。从此处远眺洞庭，但见湘江滔滔北去，长江滚滚东逝，水鸟翱翔，百舸争流，水天一色，景色甚是雄伟壮观。刘海戏金蟾、东方朔盗饮仙酒、舜帝二妃万里寻夫的民间传说等源于此地。

湖中最著名的是君山，君山风景秀丽。它是洞庭湖上的一个孤岛，岛上有 72 个大小山峰，这里每天有渡轮来往，航程大约 1 小时。游览群山需要用 1 天时间，早上去，下午返。既去了君山，又可畅游洞庭湖，真是一举两得。君山原名洞庭山，是神仙洞府的意思。相传 4000 年前，舜帝南巡，他的两个妃子娥皇、女英追之不及，攀竹痛哭，眼泪滴在竹上，变成斑竹。后来两妃死于山上，后人建成有二妃墓。二人也叫湘妃、湘君，为了纪念湘君，就把洞庭山改为君山了。现有古迹二妃墓 、湘妃庙、柳毅井、飞来钟等。君山的竹子很有名，有斑竹、罗汉竹、方竹、实心竹、紫竹、毛竹等。这里每年都举办盛大的龙舟节、荷花节和水上运动会。

本篇简介 Benpian jianjie

太湖流域气候温和，特产丰饶，自古以来就是闻名遐迩的鱼米之乡。

太　湖（中国）

太湖，位于江苏省南部、浙江省北部，是中国第三大淡水湖。湖面形态犹如向西突出的新月，湖底地势由东向西倾斜、湖盆呈浅碟形。湖岸线总长405千米，正常水位3米时湖面积2250平方千米，平均水深1.94米，蓄水27.2亿立方米。主要水源有二：一为来自浙江省天目山的苕溪，在湖州市以下分为70多条溇港注入；另一来自江苏宜溧山地北麓的荆溪，分由太浦、百渎等60多条港渎入湖。太湖水由北东两面70多条河港下泄长江，以娄江（下游称浏河）、吴淞江（下游称苏州河）、黄浦江为主。黄浦江为最大泄水河道，约占总出水量的80%。其余诸河港流量较小，每因海潮顶托或江水上涨而倒流。

太湖风光

太湖古称“震泽”、“具区”，又名“五湖”、“笠泽”，是古代滨海湖

太　湖

的遗迹。大约在 100 万年前，太湖还是一个大海湾，后来逐渐与海隔绝，转入湖水淡化的过程，变成了内陆湖泊。

太湖东、北、西沿岸和湖中诸岛，为吴越文化发源地，有大批文物古迹遗存，如春秋时期的阖闾城越城遗址、隋代大运河、唐代宝带桥、宋代紫金庵、元代天池书屋、明代扬弯一条街、宜兴三洞、无锡三山和苏州东、西洞庭山等。这里山水相依，层次丰富，形成一幅“山外青山湖外湖，黛峰簇簇洞泉布”的自然画卷。在观赏这秀色可餐的太湖风景的同时，还可游览名山、名园，探考历史。

整个太湖水系共有大小湖泊 180 多个，连同进出湖泊的大小河道组成一个密如蛛网的水系，对航运、灌溉和调节河湖水位都十分有利。江南运河是京杭大运河的组成部分，它自镇江谏壁口引长江水南流，穿过太湖水系众多的河流和湖荡，吞吐江湖，调节水量，成为这个水网的重要干流。东岸、北岸有洞庭东山、灵岩山、惠山、马迹山等低丘，山水相连，风景秀丽，为著名游览区。沿湖丘陵和湖中岛山盛产茶叶、桑蚕以及亚热带果品杨梅、枇杷、柑橘等。太湖平原旧河网大都河道浅窄弯曲、排灌系统紊乱，洪渍是潜在威胁。现已进行统一规划，禁止盲目围垦，并整修河道，增加排洪能力，提高引灌效益。

太湖的成因类型：古泻湖。太湖富营养化明显，磷、氮营养过剩，20 世纪 80 年代未主要污染物总磷、总氮严重超标，局部汞化物和 COD 含量超标。年最高水温出现在 7、8 月，年最低水温出现在 12 月下旬～2 月上旬，历年最高水温达 38℃，最低水温 0℃，水温年变幅介于 29.5℃～38.0℃之间，历年平均变幅 34℃左右，历年平均水温 17.1℃，太湖历年平均水温较陆上气温高 1.3℃且二者月平均值年过程相应、最高、最低值分别出现在 7、8 月份和 1 月份，历年各月平均水温均高于气温。

太湖是平原水网区的大型浅水湖泊，湖区有众多岛屿和 72 峰，湖光山色，相映生辉，有“太湖天下秀”之称。无锡山水、苏州园林、吴县洞庭东山和西山、宜兴洞天世界都是太湖地区的著名旅游胜地。

太湖位于富饶的上海、宁波、杭州三角地中心，是长江和钱塘江下游泥沙淤塞了古海湾而成的湖泊。周围则群星捧月一般分布着淀泖湖群、阳澄湖群、洮滆湖群等。纵横交织的江、河、溪、渎，把太湖与周围的大小湖荡串连起来，形成了极富特色的江南水乡。

太湖号称“三万六千顷，周围八百里”，但它的实际面积受到泥沙淤积和人为围湖造田等因素的影响，在形成以后多有变化。今天的太湖，北临无锡，南濒湖州，西接宜兴，东邻苏州。

太湖流域气候温和，特产丰饶，自古以来就是闻名遐迩的鱼米之乡。太湖水产丰富，盛产鱼虾，素有“太湖八百里，鱼虾捉不尽”的说法。太湖现有鱼类 106 种，隶属 15 目 24 科，其中以鲤科鱼类为主，共有 54 种。1982 年，太湖以江苏太湖风景名胜区的名义，被国务院批准列入第一批国家级风景名胜区名单。

历史悠久的洪泽湖，是我国第四大淡水湖，国家级自然保护区。

洪泽湖（中国）

洪泽湖，我国第四大淡水湖。在江苏省西部淮河下游。原为浅水小湖群，古称“富陵湖”，两汉以后称“破釜塘”，隋称“洪泽浦”，唐（618～907 年）始名洪泽湖。1128 年，黄河南徙经泗水在淮阴以下夺取淮河下游河道入海，淮河失去入海水道，在盱眙以东潴水，原来的小湖扩大为洪泽湖。明清以来湖水全凭洪泽湖大堤作为屏障，形成“悬湖”。

现洪泽湖正常水位 12.5 米，面积 1597 平方千米，容积 30.4 亿立

洪泽湖风光

洪泽湖

方米，湖泊长度 65 千米，平均宽度 24.4 千米，平均水深 1.9 米，最深 5.5 米。汛期或大水年份水位可高到 15.5 米，面积扩大到 3500 平方千米。近年加固了洪泽湖大堤，防洪标准提高到 16 米。湖水主要经由三河泄入高邮湖，再经邵伯湖入里运河，到三江营入长江，是为入江水道。旧时排水不畅，大堤失修，水患严重。1949 年以后新建规模宏大的三河闸，整修入江水道，加固洪泽湖大堤。1952 年在高良涧以东修建苏北灌溉总渠，长 168 千米，用以灌溉里下河平原，兼作排洪之用。湖水还可出二河闸经杨庄水利枢纽由中山河（或称新淮河）入海。1958～1960 年又增辟淮沭河，由杨庄水利枢纽引洪泽湖水北上，到沭阳入新沂河。目前洪泽湖水共有这四条出路，已兼具泄洪、灌溉、航运、养殖之利。湖区沿岸每年都出现结冰现象，岸冰厚 0.03 米～0.05 米。1969 年 1 月 31 日强寒潮侵袭时全湖封冻，12天后才解冻，为几十年来所未见。

洪泽湖属中富营养型，洪泽湖主要污染物是有机物、氨、酚、总汞。年均水温16.3℃，最高水温在9月，28℃，最低水温在1月，3℃，洪泽湖每年都有不同程度的结冰现象，只有当北方强冷空气过境时，湖面才出现封冻，全湖性封冻一般发生在寒冷的1～2月。

洪泽湖渔人

洪泽湖为四周高、中间低的盆地，其几何形态极不规则，东北—西南向的拦洪人工石坝，距湖心15千米，其余为天然湖岸，岸线弯曲，岸坡平缓，全源水域由成子湖湾、溧河湖湾、淮河湖湾三大湖湾组成；湖底质为碎屑沉积物；汇入洪泽湖的较大河流有淮河、濉潼河、濉河、徐洪河等。

洪泽湖的主要水源是淮河，淮河是我国自古以来水患最多的河流之一，而淮河水患必然殃及洪泽湖地区。因而洪泽湖的历史也就是一部人类与洪水的抗争史，并因此留下诸多美丽的传说。洪泽湖的千年古堤就是历代为治水而建，与都江堰齐名。

洪泽湖的整个形状很像一只昂首展翅欲飞的天鹅。由于洪泽湖发育在冲积平原的洼地上，故湖底浅平，岸坡低缓，湖底高出东部苏北平原4米～8米，成为一个“悬湖”。在治淮以前，洪泽湖汪洋一片，既无固定湖岸，又无一定形状。参照对淮河的治理，对洪泽湖也进行了整治。现在湖区的东部大堤宽50米，全长67千米，几乎全用玄武岩的条石砌成。远远望去，宛如一座横亘在湖边的水上长城。这条长堤不仅保护着下游地区的万顷良田和千百座村镇，而且拦蓄的丰富水源为航运、发电、灌溉提供了便利。

洪泽湖是一个浅水型湖泊，水深一般在 4 米以内，最大水深 5.5 米。湖水的来源，除大气降水外，主要靠河流来水。流注洪泽湖的河流集中在湖的西部，有淮河、濉河、汴河和安河等。出湖河道中三河和苏北灌溉总渠是洪泽湖分泄入长江和入海的主要河道。

历史悠久的洪泽湖，给人们留下很多宝贵景点，可供当今的旅游者一饱眼福。现存的主要景点有：万顷碧波、百里长堤、港坞帆樯、奠淮犀牛、泄洪大闸、老君遗踪、龟山晚眺、明陵石刻、临淮观日、墓园春晓、洪泽湖镇水铁牛。

万顷碧波。辽阔的湖面，时而波涛滚滚，大浪排天；时而风平浪静，湖水如镜。极目远眺，白帆点点，南来北往的运输船队，川流不息，左右穿梭的渔船，鱼肥仓满，争相辉映，构成一幅美丽动人的图画。

百里长堤。已有 1800 年历史，是防洪的屏障，宏伟的土堤，壮观的石墙，青翠的绿柳，远远望去宛如一条移游欲飞的巨型青龙。那茂密的林荫，新鲜的空气，清脆的鸟鸣，和煦的湖风，人行其中，犹如步入仙境，心旷神怡，流连忘返。

港坞帆樯。洪泽湖汛期水深、风疾、浪大，直接威胁着过往湖中渔民的安全。湖东岸原有蒋坝、高良涧两座避风港。随着水运的发展，1966 年加固洪泽湖大堤时，增建九龙湾、夏家桥、周桥三座避风港，1994 年又在洪泽湖心建一座避风港，另加三座船闸。这些避风港，四周皆用条石砌成，安全系数较大。船泊其中，在船头仰视，俨如数十仞之城墙；港坞外，浪花飞雪腾湖面，百里狂涛撼大千。出航时，千篙拨得烟霞乱，万里航行捷足先。仔细观看，品味无穷，别有一番景象。

奠淮犀牛。清康熙四十年（1701 年），由河督张鹏翮、采库司张弼

洪泽湖大堤

安安排铸造，作为镇水之物，安放在洪泽湖大堤险要地段。牛身略小于真牛，腹部有铸词，距今有 300 余年。原有 9 具，今尚存 5 具，分别存放在三河闸、高良涧高堰等地的湖堤上。

泄洪大闸。位于洪泽湖东岸的三河、二河、高良，均系中华人民共和国成立后建造的，承担洪泽湖泄洪重任。闸身雄伟壮观，作用非凡无比。蓄水时，固得天池挂碧空，烟波浩渺在其中；泄洪时，滔滔巨浪归江海，滚滚狂涛走巨龙。

老君遗踪。洪泽湖南岸，淮河入湖处的老子山，古称丹山，相传老子（李耳）曾在此炼丹，故而得名。山上现有炼丹台、青牛蹄迹和凤凰墩等名胜古迹。游人登山时，能体会到“石上青牛留足迹，炉中红火照仙颜，洞存石镂去崖处，凤起山岗霄汉间”的情景。

龟山。位于老子山南侧，山形如龟，为历代用兵之地，古称龟山镇。为秦汉以来历史名镇，留有夏禹治水之遗迹。清末仍有寺庙12座，和建筑宏伟的洪泽都司署。清代，龟山为清河县南陲重镇，它扼立于淮河入湖口处，孤峰峙立是淮运分流的天然鱼嘴。

龟山

明陵石刻。明祖陵，位于洪泽湖南岸，是明朝开国皇帝朱元璋的高祖朱百六、曾祖朱四九、祖父朱初一三代的陵墓，始建于洪武十八年（1385年），用了28年时间才完成。清康熙十九年（1680年）大水后石刻被淹没。1966年，洪泽湖水位枯竭，祖陵的正殿、神路相继露出，石刻雕群经维修后，恢复原来面貌。

临淮观日。临淮头，四面圩堤环抱，像一颗璀璨明珠飘浮在碧波万顷的湖面上。每当黎明之际，站在防洪大堤上，极目东眺，一轮红日从碧波如镜的湖面上冉冉升起，那灿烂朝霞，闪耀金波，捧出即将出浴的金娃，摇晃于水盆之中，此情此景，较之泰山观日有过之而无不及。

墓园春晓。位于洪泽湖西岸的半城镇，设有雪枫墓园，园内安葬着新四军四师师长兼淮北军区司令员彭雪枫将军遗体。墓园大门两侧为时任苏皖边区人民政府主席李一氓题写的对联，墓东侧建一座由邓子恢题写的淮北苏皖解放区抗日阵亡烈士纪念塔，环塔有石碑13块，铭刻着抗日烈士英名4079人。园内还有纪念馆，陈列着烈士遗物等革命文物。洪湖之滨，半城之阳，地居高岗，迎湖遏浪，墓隐丹枫，塔耸碧云，花草松柏，四季常青，每当“清明”祭扫，人群络绎不绝，已成为教育后代的革命基地。

洪泽湖镇水铁牛。清康熙年间，洪泽湖大堤建成时，铸九牛二虎一只鸡用以镇水。如今已是虎归森林，鸟飞远去，只有憨厚的铁牛与洪泽湖朝夕相伴，可惜仅存五条，其中两条在蒋坝三河闸管理处，两条在公园和高良涧进水闸，一条在淮阴高埝。铁牛系生铁铸成，除牛角均已残缺以及部分铭文锈蚀外，余则保存较为完好。铁牛身长 1.70 米，宽 0.57 米，高 0.68 米，有厚 0.07 米的一块铁板与牛身铸为一体，共重约 2250 公斤（一说重 4000 公斤）。牛身肩肋处铸有阳文楷书铭文，铭文曰：“惟金克木蛟龙藏，惟土制水龟蛇降，铸犀作镇奠淮扬，永除错垫报吾皇。”

洪泽湖的形成，具有三大原因。其一，地壳断裂形成的凹陷，是洪

洪泽湖镇水铁牛

泽湖形成的自然因素，胚胎始于唐宋以前的小湖群—主要有富陵湖、破釜涧、泥墩湖、万家湖等。

其二，黄河夺淮是形成洪泽湖雏形的又一原因。宋绍熙五年（1194年），黄河决阳武，至梁山泊分南北二支，南支与泗水合，南流入淮，此为黄河改道之始。至清咸丰五年（1855年），黄河北徙，由利津入海，黄河夺淮长达近700年之久。由于黄河居高临下，倒灌入淮，黄淮合流，流量增加，水位抬高，将富陵湖、破釜塘等大小湖沼、洼地连成一片，汇聚成湖。

其三，大筑高家堰（洪泽湖大堤）是洪泽湖完全形成的人为原因，也是决定性原因。因此，洪泽湖被称为人工湖。

洪泽湖上游，进入洪泽湖的主要河道有：淮河、怀洪新河、池河、新汴河、濉河、徐洪河、老汴河、团结河、张福河等。

下游出湖的主要河道有：一、淮河入江水道。全长156千米，上起洪泽湖三河闸，经高邮湖、邵伯湖至扬州市三江营入长江，设计行洪流量12000立方米/秒，1954年8月6日实际最高行洪流量10700立方米/秒。

二、苏北灌溉总渠。全长168千米，西起洪泽湖高良涧进水闸，流经淮安（今楚州）城南与里运河平交，至射阳县六垛扁担港人黄海，设计行洪流量800立方米/秒，1975年7月19日实际最高行洪流量1020立方米/秒。

三、淮沭新河。全长196千米，南起洪泽湖二河闸，经淮阴、沭阳进入新沂河入黄海，设计行洪流量3000立方米/秒，2003年7月11日实际最高行洪流量1320立方米/秒。

四、淮河入海水道。与苏北灌溉总渠平行，全长163.5千米，西起洪泽湖二河闸，经清浦、淮安、阜宁、滨海四县（区），至扁担港入黄海。近期设计排洪流量2270立方米/秒，远期设计排洪流量7000立方米/秒。2003年7月5日投入使用，7月14日实际最高排洪流量1820

立方米/秒。

洪泽湖水生资源丰富，湖内有鱼类近百种，以鲤、鲫、鳊、青、草、鲢等为主，洪泽湖的螃蟹也是远近驰名的。此外，洪泽湖的水生植物非常著名。芦苇几乎遍布全湖，繁茂处连船只也难以航行。莲藕、芡实、菱角在历史上即素享盛名，曾有“鸡头、菱角半年粮”的说法。

2006 年 4 月 5 日，洪泽湖湿地经国务院批准列为国家级自然保护区。

本篇简介 Benpian jianjie

呼伦湖，位于内蒙古呼伦贝尔市，像一颗晶莹硕大的明珠，镶嵌在呼伦贝尔大草原上。

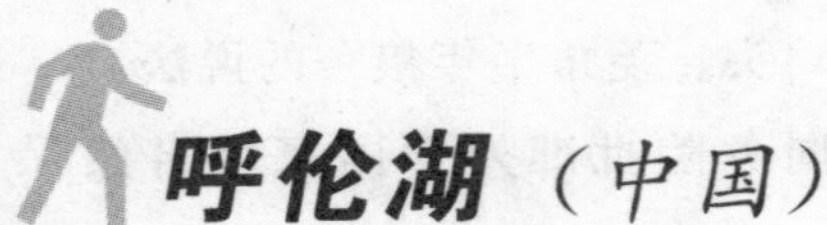

呼伦湖（中国）

呼伦湖，亦称呼伦池。蒙古语作意为“海湖”。呼伦湖方圆八百里，碧波万顷，像一颗晶莹硕大的明珠，镶嵌在呼伦贝尔草原上。呼伦湖是中国四大湖淡水湖之一，是中国第五大湖，也是内蒙古第一大湖。呼伦湖，位于呼伦贝尔草原西部新巴尔虎左旗、新巴尔虎右旗和满洲里市之间，呈不规则斜长方形，长轴为西南东北向，湖面海拔 539 米，湖的最

呼伦湖

长处 90 多千米，最宽处 40 多千米，周长 440 多千米，面积最大时达 2300 多平方千米，平均水深为 5.7 米，最大水深 8 米左右，蓄水量 138.5 亿立方米。

旧时呼伦湖北与海拉尔河相通，湖水外泄入黑龙江。现已断流成为内陆湖。1958～1962 年间因与湖相通的穆得那亚河被堵塞，湖水上涨 2.5 米。近年湖面蒸发量与湖泊补给水量取得新的平衡，水位又趋稳定。冬季封冻期达 170～180 天，最大冰厚 1.3 米。为半咸水湖，盛产鱼类。环湖水草丰美，为著名的呼伦贝尔草原的组成部分。

呼伦湖属富营养型湖泊，有鱼类 30 多种，主要有鲤鱼、鲫鱼、狗鱼、鲇鱼等经济鱼类。此外，湖中还盛产秀丽白虾。呼伦湖是我国北方数千里之内唯一的大泽，水域宽广，克鲁伦河和乌尔逊河流入其中，沼

呼伦湖风光

泽湿地连绵，草原辽阔，食饵丰富，鸟类栖息环境佳良，是我国东部内陆鸟类迁徙的重要通道，春秋两季，南来北往候鸟种类繁多。据统计，呼伦湖地区共有鸟类 17 目 41 科 241 种，占全国鸟类总数的五分之一。主要有天鹅、雁、鸭、鹭等，其中不少属珍稀禽类。可以说呼伦湖地区是内蒙古少有的鸟类资源宝库之一，是一个硕大的鸟类博物馆。

呼伦湖还以“大、活、肥、洁”著称全国。“大”，是指湖的面积达 2339 平方千米，为中国北方第一大湖；“活”，指呼伦湖不是死水湖；“肥”，是指湖畔和河岸牧草繁茂，牲畜的粪便多流入湖中，成为鱼类的天然饵料；“洁”，是湖区各河流基本没有污染，是少有的一池碧水。

呼伦湖烟波浩渺，天水相连，白帆点点，波光粼粼。来这里旅游，不但可以观赏到美丽的景色，还可以品尝到数百种鱼虾做成的美味佳肴。

本篇简介 Benpian jianjie

位于我国西藏的纳木错湖，景色美丽壮观，是虔诚的佛教徒们心中的神湖。

纳木错湖（中国）

纳木错湖位于西藏当雄县与班戈县之间，湖面面积1940平方千米，湖面海拔4718米，最深处33米以上，湖形狭长，东西长70千米，南北宽30千米，为世界上海拔最高的湖泊。纳木错的湖水来源主要是天

美丽的纳木错湖

纳木错湖

然降水和高山融冰化雪补给，湖水不能外流，是西藏第一大内陆湖。湖区降水量少，日照强烈，水分蒸发较大。湖水苦咸，不能饮用，是我国仅次于青海湖的第二大咸水湖。纳木错湖四周雪峰好像凝固的银涛，倒映于湖中，肃穆、庄严。湖中有3个岛屿，东南面是由石灰岩构成的半岛，发育成岩溶地形，有石柱、天生桥、溶洞等，景色美丽多姿。

纳木错湖意为“天湖”、“灵湖”或“神湖”，是藏传佛教的著名圣地，信徒们尊其为四大威猛湖之一。它的明净与辽阔，无愧于天湖美称。然而，它色彩多变，时而碧蓝，时而苍翠，时而蓝绿相间，时而暗灰如晦；作为神湖，它的属相是羊。每逢羊年，西藏内外成千上万的香客潮涌而来。转山绕湖，烧香礼拜。

纳木错湖的东南部是直插云霄、终年积雪的念青唐古拉山的主峰，北侧依偎着和缓连绵的高原丘陵，广阔的草原绕湖四周，天湖像一面巨大宝镜，镶嵌在藏北的草原上。湛蓝的天、碧蓝色的湖、白雪、绿草、牧民的牛毛帐篷及五颜六色的山花，交相辉映，组成一幅大自然美丽、动人的画面，身临其境，无不感到心旷神怡。

纳木错湖畔玛尼堆遍布，由于年深月久，一座座玛尼堆渐渐连起来，成为一堵长达上百米、大半人高的玛尼墙。玛尼堆名为“多崩”，十万经石之意。信徒们每见到玛尼堆必丢一颗石子，丢一颗石子就等于念诵了一遍经文；玛尼堆上悬挂着蓝、白、红、绿、黄五种颜色的布块，经幡随风摆动，每摆动一次就是向上天传送一遍经文。尼玛堆年复一年地增高，经幡一年几度更新。经幡上印的、经板上刻的、转经筒里藏的、香客口中念的，都是那常读常新的著名六字真言：音译为“嗡玛尼呗咪哞”。

纳木错湖的玛尼石

纳木错湖盛产高原细鳞鱼和无鳞鱼。纳木错湖景色美丽壮观。虔诚的佛教徒们把纳木错湖敬为神湖，甚至印度、尼泊尔的佛教徒也长途跋涉赶来朝圣。

本篇简介
Benpian jianjie

博斯腾湖，是我国最大的内陆淡水湖，人们心目中度假避暑的胜地。

博斯腾湖（中国）

位于新疆博湖县境内的博斯滕湖是我国最大的内陆淡水湖。博斯腾湖距博湖县城 14 千米，距焉耆县城 24 千米，湖面海拔 1048 米，东西长 55 千米，南北宽 25 千米，略呈三角形，大湖面积 988 平方千米。大

博斯腾湖风光

博斯腾湖

湖西南部分布有大小不等的数十个小湖区，小湖区有较大的湖泊，总面积为240平方千米，湖水西东深，最深16米，最浅0.8～2米，平均深度约10米左右。

博斯腾湖，古称“西海”，唐谓“鱼海”，清代中期定名为博斯腾湖，博斯腾淖尔，蒙古语意为“站立”，因三道湖心山屹立于湖中而得名。总面积1228平方千米的博斯腾湖与雪山、湖光、绿州、沙漠、奇禽、异兽同生共荣，互相映衬，组成丰富多彩的风景画卷。大湖水域辽阔，烟波浩淼，天水一色，被誉为沙漠瀚海中的一颗明珠。小湖区，苇翠荷香，曲径邃深，被誉为“世外桃园”。

博斯腾湖是新疆最大的淡水湖泊。是位于焉耆盆地的一个山间陷落湖。汇入湖泊的河流主要来自西北的开都河、马拉斯台河等，多年平均入湖径流量为26.8亿立方米，经西南部的孔雀河排出（平均每年出流量为12.5亿立方米）穿铁门关峡谷，进入库尔勒地区，最后汇入罗布泊。在铁门关建有新疆最大的水电站。20 世纪 60 年代后，由于库尔勒地区工农业用水量不断增加，每年要求加大出湖水量，已引起湖水位下降，湖面缩小，湖水矿化度逐年升高，今已演变成一个微咸水湖泊。原产的塔里木裂腹鱼（俗称尖头鱼）、扁吻鱼（汉语名“新疆大头鱼”，俗称大头鱼，国家一级保护动物）和长头鱼等资源已衰减。

博斯腾湖风起时波浪滔滔，宛如沧海；风静时波光潋滟，湖水连天。大湖西侧星罗棋布的小湖，湖水相通，翠草浓密，野莲成片，各种水禽栖集其间。

博斯腾湖水域辽阔，烟波浩淼；西南小湖区，河道蜿蜒，芦苇丛生，荷花怒放，禽鸣鱼跃，一派江南水乡景色，故有“西塞明珠”之美称。博湖风光瑰丽，集大漠与水乡景色于一体。近年博湖的莲花湖、相思湖、回归大自然等旅游景点、旅游设施已初具规模，开辟了游艇、滑水、湖滨浴场等娱乐项目，还可以品尝到烤鱼和原汁原味的博斯腾鱼宴。和硕县金沙滩景区因其优质的湖水，细密干净的沙滩，成为游客前往度假避暑的胜地。博湖是南疆一个重要的新兴水上游乐旅游区，被誉为新疆的“夏威夷”。

博斯腾湖远衔天山，横无涯际。随着天气变化，时而惊涛排空，宛若怒海，时而波光粼粼，碧波万顷。夏季，湖中渔船与彩云映衬，群鱼共飞鸟逍波。金秋 10 月，苇絮轻扬，芦苇金黄，秋水凝重，飞雁惊鸿。冬季来临，冰封千里，湖面银光似镜，一派北国风光。博斯腾湖除了迷人的景色之外，还有美丽的传说。相传很久以前，这里没有湖泊，只是一片风景优美、水草丰盛的大草原，草原上的牧民安居乐业。有一对年轻的恋人，小伙子名叫博斯腾，姑娘叫尕亚，他们深深地相爱。不知何时，天上的雨神发现了美丽的尕亚，要抢她为妻，尕亚誓死不从，雨神大怒，连年滴水不降，于是草原大旱。勇敢的博斯腾与雨神大战九九八十一天，终于使雨神屈服，但博斯腾却因过度疲惫累死了。尕亚痛不欲生，眼泪化作大片湖水，最后也悲愤而死。为了纪念他们，当地的牧民将该湖命名为“博斯腾湖”。传说，唐僧去西天取经时，在离此不远的流沙河受阻。西海龙王的三太子被唐僧等人饱受磨难、执意取回真经的行动所感动，于是经观音菩萨点化，变作一匹白马，驮着唐僧一行，安然渡过流沙河。

博斯腾湖主要的景致：芦苇、睡莲、候鸟、鱼类。芦苇：总面积40万亩。芦苇生长在孔雀河畔、小湖湖畔，形成众多的苇荡和芦苇水道。游人可沿河道苇荡欣赏挺拔翠绿的芦苇丛；秋天则可观赏金黄色的苇叶和雪白的芦花。

睡莲：生长在莲花湖、阿洪口一带的睡莲是我国面积最大的天然生长的睡莲，在水深0.8米～1.2米的水域生长。荷叶浮满湖面，夏季开满白色、黄色的莲花。

候鸟：候鸟是博斯腾湖一大景观，它与苇荡睡莲构筑了一道博斯腾湖最具特色的风景线；种类有白鹭、海鸥、白鹳、鸬鹚等10余种，数

博斯腾湖的莲花

量可达上万只。

鱼类：博斯腾湖现有鲤、草、鲢、青、鳙、赤鲈（俗称五道黑）、公鱼等 20 余种及虾、绒蟹、河蚌等，年产量约 2500 吨。湖里的鱼除生产捕捞供应市场和满足游人品尝之外，还可垂钓，是钓鱼爱好者理想的垂钓场所。

博斯腾湖区的日出、日落、朝霞、晚霞、晨雾、平湖月色极富诗情画意，是摄影爱好者创作的源泉之一。博斯腾湖大湖南岸附近朝南方向有高度不等的沙山及流动与半固定的沙丘，还有金字塔形沙丘链与高低起伏的沙包。结合湖滨浴场的开发，可开展滑沙运动、沙山探险、沙山滑翔等运动项目。

金沙滩海滨浴场、阿洪口旅游景区、莲花湖旅游度假村、扬水站、大河口等是博斯腾湖主要的景观。2002 年 5 月，新疆维吾尔自治区博斯腾湖风景名胜区经国务院批准列入第四批国家级风景名胜区名单。

南四湖，是我国大型的淡水湖泊之一，也是鲁西南的鱼米之乡。

南四湖（中国）

南四湖，是微山湖、昭阳湖、独山湖、南阳湖等四个相连湖的总称（由于微山湖面积比其他三湖较大，习惯上称微山湖），位于山东省西南部济宁市，邻接江苏省徐州市，现属微山县管辖。全湖面积 1266 平方千米，是山东第一大湖，也是我国大型淡水湖泊之一。该湖属浅水富营养型湖泊，自然资源丰富，盛产鱼、虾、苇、莲等多种水生动植物，是山东省最重要的淡水鱼业基地。沿湖工农业发达，工业以煤炭、电力为主；农业以种植小麦、玉米、水稻、大豆、棉花等粮油经济作物为主，是鲁西南的鱼米之乡。

南四湖属富营养湖类型。成因类型：河迹洼地湖。南四湖的富营养化主要是氮、磷、悬浮物和其他有机物大量入湖引发的严重污染，超标参数是溶解氧、化学耗氧量、生化需氧量、总氮和总磷；湖泊水深 50 米处的地方多年平均水温为 16.4℃，7 月的月平均水温为 28.9℃，1 月平均水温 5.3℃；鱼类基本隶属于自然种群，而且大型优质鱼类少，低龄的劣质鱼类多，现存鱼类有 8 目 16 科 53 属 78 种，其中鲤科鱼类 48 种。主要经济鱼类是鲫鱼、黄颡鱼、乌鳢，它们分别占渔获总量的 69.5%、12.2%和 9.99%，鱼龄结构以当年鱼或低龄鱼居多。

南四湖由南阳、昭阳、独山和微山四个无明显分界的湖泊串联而成；南四湖面积 1266.00 平方千米；最大深度 6.00 米；容积 53.6 亿立方立米。东西宽 5～22.8 千米，南北长 122.6 千米，湖的中部最窄，称

南四湖水库堤

为湖腰，上世纪60年代建二级坝枢纽，将南四湖一分为二，大堤全长131.5千米，坝北为上级湖，坝南为下级湖，上级湖水面面积26934平方千米，高程31.5米，容积8.55亿立米，正常蓄水位34.5米，蓄水面积600平方千米，相应容积23.1亿立方米，下级湖水面积3519平方千米，高程29.50米，容积7.78亿立米，正常蓄水位32.5米，蓄水面积585平方千米，设计洪水位36.0米，相应容积30亿立方米。

新中国成立以来，在有关部门的领导下，对微山湖区进行了大规模的治理建设，对该湖自然资源曾多次进行过单项短期调查，这些工作对改变湖区面貌，开发湖区经济都起到了一定作用。但因从未进行过全面系统的综合调查，自然资源本底不清，缺乏综合治理开发的规划，自然资源优势尚未得到充分发挥，湖泊生态系统发生了一些不利变化。为此，一些对淡水湖颇有研究见解的专家开始对其进行多学科、多部门、综合性大规模的系统而全面的湖泊调查，这在我国湖泊调查中尚属罕见，是领先的。经了解，有关人员认为：调查的主导思想明确，调查方案比较严密，方法正确；细致地分析了大量调查资料，论据充分，结论可信；这不仅对开发治理微山湖具有重大意义，对国内其他同类湖泊的开发研究也具有重要的参考价值；提出的开发利用意见和发展计划，符合中央体制改革精神和微山湖的实际，是可行的；也是论述微山湖自然资源比较完整的历史性的科技资料，对从事生产、教学、科研工作的领导干部和科技人员都有重要参考价值，也能对开发建设微山湖及国内同类型湖泊发挥应有的作用。

本篇简介 Benpian jianjie　巢湖，是我国的第五大淡水湖，晨景美，夜景更美，有着许多古老而美丽的传说。

巢湖（中国）

巢湖位于安徽省中部，东西长 54.5 千米，南北宽 21 千米，水域面积约 750 平方千米，为我国五大淡水湖之一，沿岸为合肥市、巢湖市、庐江县所包围。巢湖是安徽境内最大的湖泊，湖面积达 700 余平方千米，来水面积有 9130 平方千米，其中山丘区 7735 平方千米（占 84.7%），圩区 612 平方千米（占 6.7%），湖区 783 平方千米（占 8.6%）。

入湖主要河流有：南淝河、上派河、丰乐河、杭埠河、白石天河、

巢　湖

兆河、柘皋河等。这些河流都源于山丘区，一般集水面积都大，河道流程较短，比降陡，汇流快，穿过湖周圩区后，进入巢湖，经湖泊调节容蓄后，出巢湖闸经裕溪河于裕溪闸下注入长江。汛期若长江水位过高，裕溪河受顶托倒灌时，裕溪闸、巢湖闸将关闭，拒江倒灌。

巢湖四周诸河来水，仰赖巢湖容蓄，防洪压力很大，为了缓解巢湖及裕溪河的防洪问题，1986 年冬开始进行牛屯河分洪道建设，分洪流量 460～615 立方米每秒，入江口水位可比裕溪河口的江水位低 0.4～0.5 米，工程早已完成。

千里江淮，巢湖最美。巢湖之美，不仅在于它的辽阔浩大，而且因它物产丰富，文脉深厚和遍布两岸的风景名胜。湖中姥山庙有一副绝妙的长联，上联为："百八里形胜参差，欲盖览绮丽春光，正烟消雨霁，岑楼上洞启疏棂，远黛修容环献媚"，下联为："万千层涛澜汹涌，若别领清幽秋景，迨风息波恬，长夜间徒倚山渚，冰轮跃彩遍浮金"，高度概括了巢湖千古名湖的瑰丽景观。

中 庙

出巢湖市区，抬眼一望，面前便是"气吞吴楚千帆落，影动星河五夜来"的巢湖。从湖汉登上游艇，轻舟快速向西航行。只见浩淼的巢湖，水天相连，一望无际。湖面上渔帆点点，渔歌阵阵，不消一个小时，便隐约可见"湖天第一胜境"的中庙了。

中庙矗立在凤凰台赤砂礁岩上，三面临水。该庙建于东吴赤乌二年。以后迭遭兵燹，几次修葺。它背倚朝霞，面对老姥，东顾巢伯，西望蜀秀，现存殿阁为晚清建筑，有三进 70 余间。《巢湖志》对中庙描绘得十分细腻："红色庙墙，陡峭错落，赤迹凤台，直抵湖中，波涛冲刷，纹丝不动。湖浪吞吐，飞流喷珠，湖潮入洞，犹如钟鸣。"游人临其境，仰视楼台，重檐飞出，灰色楼顶，宛如丹凤之冠，夕阳西照，熠熠生辉，给人以凌空欲飞之感。庙内梁横匾额，殿供神龛，壁描神鬼，廊画天兵。游客誉之为"人间蓬岛"、"别有湖天"、"云护仙坛"之胜境。

庙内供奉的女神是碧霞元君。据古籍记载，"全盛时，春日晴和，烟火相望，河以南、江以北，老稚男女，各持瓣香，诵佛号祈于庙者，肩背踵趾接也。"现在，人们游览中庙，不再是去祈求那虚无缥缈的神的恩赐，而是在劳作之余，去领略那百里巢湖的壮丽景色。

姥山岛

与中庙遥遥相望的是茫茫湖面上的一座湖岛。远望犹如一只巨大的海龟，漂浮在白浪滔滔的湖面上；近观，好似老妇托腮凝神望子，这就是充满神话色彩的姥山岛。

传说很久以前，巢湖是个盆地，盆地中有一座城池叫巢州。某一天，一位渔人捕捉了一条千斤大鱼，运到城内廉价出售。全城人争相购买食鱼肉，唯独一老妇焦姥和女儿玉姑不食。一叟者上前对焦姥说：

“此鱼系吾儿，汝母女不食，必有厚报。见城东石鱼目赤，城将陷。”果然不久的一天，焦姥见东门石鱼目赤，她心急如焚，奔走大街小巷呼号，请全城百姓避灾，然后才携女欲行。忽然晴天一声巨响，大雨如注，洪水横流，巢州下陷。焦姥母女被浊浪冲散淹溺。正在危急之时，小白龙急施法术，从湖内长起三座山，将其母女和焦姥失去的鞋托出水面。后人为颂扬焦姥的德行，又将巢湖取名焦湖，将湖中的山取名姥山、姑山和鞋山。

文峰塔是巢湖的另一景观。文峰塔系明崇祯四年（1631 年）庐州知府严汝倡建，甫成四层，因战乱而辍工。清光绪年间（1878 年），李鸿章倡捐，委江苏补用道、庐州人吴毓芬续建三层完工。工成，李鸿章题“文光射斗”四个大字，并作《姥山塔碑记》一文刻之于石。

文峰塔

美丽的巢湖风光

文峰塔为 7 层，高 51 米，梯 133 级，系条石青砖结构，层层飞檐走角，八角对着八方，角角装有铜铃，外观雄伟，结构精巧。塔身由外壁、回廊、塔心三部分组成。人入塔内，门梯交错，左拐右旋，乐趣无穷。每层塔壁四周或题词，或诗文，或砖雕佛像。塔内藏有两广总督李瀚章题写的“举头近日”，台湾首任巡抚刘铭传题写的“中流一柱”等 25 幅匾额和 802 尊砖雕佛像。人立塔上，只觉风声呼啸，铜铃叮当，如立云端之上。倚窗远望，烟波浩淼，渔帆点点；近观脚下，姑、鞋二礁如在雾中。塔刹上镶嵌有李鸿章全像。李鸿章发迹前，曾得益于恩师曾国藩的指点，集结淮军在湖上操练，并留下了一首气势磅礴的七言绝句：“巢湖好比砚中波，手把孤山当墨磨。姥山塔如羊毫笔，够写青天八行书。”离塔不远处，有座圣姥庙，春秋祭祀焦姥。红楹青瓦掩映在苍松翠柏之间。

巢湖晨美，夜景更美，姥山月夜更加迷人。若逢清秋三五之夜，一轮明月倒映在波漪微微的湖中，犹如一颗玉珠镶在湖面上，月光、灯光、湖光交相辉映，月影、塔影、云影融成一片，真是“一色湖光万顷秋”的美景夜色。清康熙年间，庐州府学正朱弦在《巢湖夜月》一文中写道：“当其微风不生，流光接天，静影沉碧，羁人当此神开，劳者对此而机息，恍乎置身于广寒世界也。”

2002 年 5 月，安徽省巢湖风景名胜区经国务院批准列入第四批国家级风景名胜区名单。

镜泊湖，宛如一颗璀璨夺目的明珠镶嵌在我国北疆之上，以其独特、朴实无华的自然美闻名于世。

镜泊湖（中国）

镜泊湖，历史上称阿卜湖，又称阿卜隆湖，后改称“呼尔金海”，唐玄宗开元元年称“忽汗海”，明志始呼“镜泊湖”，清朝称为“毕尔腾湖”，今仍通称镜泊湖，意为清平如镜。镜泊湖位于我国黑龙江省东南部张广才岭与老爷岭之间，即宁安市西南 50 千米处，距牡丹江市区

镜泊湖

110 千米。镜泊湖是历经五次火山爆发，大约 1 万年前，由熔岩阻塞河流形成的高山堰塞湖，是世界上少有的高山湖泊。以天然无饰的独特风姿和峻奇神秘的景观而闻名于世，是我国国家著名风景区和避暑胜地。

镜泊湖状似蝴蝶，其西北、东南两翼逐渐翘起，湖主体呈 NE～SW 向带状延长，局部受次级构造影响有 NW～SE 向分支，在平面上呈“3”字形，最宽处 4.85 千米，最窄 0.55 千米，在 350 米高程水位时（平均水位）湖岸线长 198 千米，湖面面积 91.5 平方千米，湖泊容积 11.8 亿立米。

风光秀丽的镜泊湖婉如一颗璀璨夺目的明珠镶嵌在我国北疆之上，它以独特、朴素无华的自然美闻名于世，吸引越来越多的国内外游人。湖中大小岛屿星罗棋布，而最著名的湖中八大景却犹如八颗光彩照人的明珠镶嵌在这条飘在万绿丛中的缎带上。这最著名的八大景是一吊水楼瀑布，大孤山、小孤山、白石砬子、城墙砬子、珍珠门、道士山和老鸹砬子。镜泊湖原始天然，风韵奇秀。山重水复，曲径通幽。动人的传说，更为这北方的名湖，增添了神奇的色彩。

本篇简介 Benpian jianjie

杞麓湖沿岸烟柳迷茫，平畴千顷，村落棋布，是我国著名的旅游、避暑胜地。

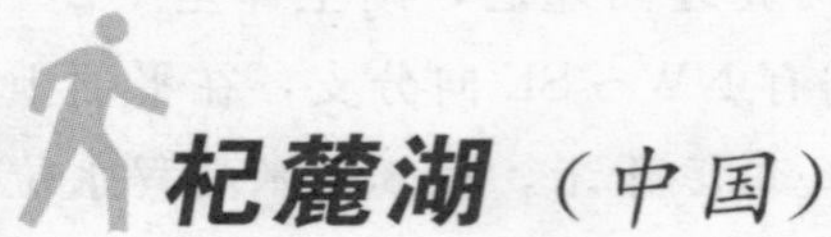

杞麓湖（中国）

杞麓湖形似四边形，属浅水型封闭湖泊，地处云南“山”字形构造的通海弧前弧顶端；湖面海拔1796米，湖泊面积35.9千立方米，湖容积1.7亿立方米。湖泊略呈北东南西向的矩形状，东西长约10.4千米，南北平均宽约3.5千米，湖岸线全长约32千米，最大水深6.8米，平均水深4米，底质动植物死亡残体较多，平均淤积厚度每年0.014米。现湖底有6米～7米厚的海泥草煤，湖中有四五处，自然产生沼气逸出水面，全湖自西向东逐渐加深。杞麓湖无明显出流口，湖区无过境河

杞麓湖

杞麓湖的小舟

流，为一封闭型高原湖泊，天然溶洞，是湖水的唯一通道。

杞麓湖，在唐代称为“海河”，后又称“通湖”。元代水位高到杞麓山（今凤山）脚，故又名“杞麓湖”。迄今湖东面的落水洞，两旁悬崖高峻，峭壁耸峙。相传，远古时杞麓湖湖面宽广，茫茫苍波，无出水口，是神僧畔富用锡杖凿通，经湖水灌溉以后现出千顷良田。湖北面的沙沟嘴，直伸进湖内。四周植柳种花，景色独秀，是避暑的好地方。

杞麓湖距离通海县城 1.5 千米，与秀山紧密相连，又称通海湖，属南盘江水系，风光绚丽，婀娜多姿，每当风平浪静，天空一碧如洗之时，湖面从东到西便出现一条长达十数米的湛蓝色带，古人称这奇景为“湖水拖蓝”，是通海八景之一。

杞麓湖流域，居住着汉、回、蒙、彝、傣、哈尼等多种民族，是云南省通海县较重要的水资源，具有工农业用水、调蓄、防洪、航运、旅游、水产养殖等功能。因此，杞麓湖流域是通海县社会经济发展的主体，是通海县生存发展的基础，通海人民把杞麓湖称为“母亲湖”。

杞麓湖，属富营养型湖泊，水质污染以有机污染和氮、磷污染为主。年平均水温 15.6℃；原有鱼类区系组成比较简单，其组成为：杞麓鲤、大头鲤、云南鲤、翘嘴鲤、鲫鱼、泥鳅、星云白鱼杞麓亚种、黄鳝、鲶鱼、乌鲤等 10 种土著鱼类。20 世纪 60 时代以前主要是自然增殖，以后开始进行人工放养，人工投放和随之而入的鱼类有鲤鱼、白鲫、青鱼、草鱼、鲢鱼、鳙鱼、中华鳑鲏、麦穗鱼、棒花鱼。现有鱼类 4 科 18 种，土著经济鱼类产量大为下降，大头鲤、鲶鱼已几乎绝迹，乌鲤、杞麓鲤、翘嘴鲤、云南鲤、白鱼等名贵经济鱼类已濒临灭绝。

杞麓湖沿岸烟柳迷茫，平畴千顷，村落棋布。面积 40 多平方千米，湖内盛产鲤、鲫、大头鱼等。岸边有人工筑起的海埂，即可饱览湖光，又可在此闲钓，是我国著名的旅游、避暑胜地。

本篇简介 Benpian jianjie

艾比湖，是我国新疆地区准噶尔盆地西南部的断陷湖，我国国家级自然保护区。

艾比湖（中国）

艾比湖，又称布尔哈齐湖，是我国新疆维吾尔自治区准噶尔盆地西南部的断陷湖。艾比湖近似圆形，湖面海拔高度 195.4 米，湖面积 542 平方千米，平均水深 1.4 米，最大水深 2.8 米，积水量 7.6 亿立方米；底质灰黄色泥沙，有机物的泥底十分松软；直接补给湖水的河流为奎屯

艾比湖

河、精河和博尔塔拉河。

历史上，艾比湖水面面积最大时达 1200 多平方千米，年入湖水量达 12 亿立方米，由于上游地区开荒截流，目前，入湖河流只有博尔塔拉河和精河两条，其他三条河在未进湖前就断流了，年入湖水量只有 5 亿立方米。艾比湖地区年降水量不足，而水面年蒸发量又非常严重，湖面深度降低很厉害，平均深度已不到 2 米，含盐量很高，湖水苦咸，有盐湖之称。

艾比湖的水鸭

艾比湖湖水含盐量高，污染并不严重。湖面在 12 月封冻，翌年 3 月解冻，冬季结冰时，可行汽车，而冰下水温可达 −1℃到 −2℃，不冻结，这是高含盐量湖水的特点。湖中没有植物生长，也无鱼类分布，但在河流、排水渠入湖口及南部泉、河入湖支流中鱼类较多，鱼类 2 科 14 种，两栖爬行类 7 科、7 种，有鲤、鲫、短尾岁、准噶尔雅罗龟、裸重唇鱼、小体鼓鳔鳅、斯氏高原鳅、细眼高原鳅、巩乃斯高原鳅及黑斑高原鳅，还有以后移入的鲢、鳙及草鱼；准噶尔雅罗鱼和鲫鱼、鲤鱼是湖口水域中数量较多的鱼。艾比湖已列为我国国家级自然保护区。

微山湖，像一条狭长的玉带，镶嵌在我国江苏和山东两省的交接处，是我国著名的“荷都”。

微山湖（中国）

微山湖，像一条狭长的玉带，镶嵌在我国江苏和山东两省的交接处，归山东济宁市的微山县管辖。微山湖南靠江苏徐州市，北接孔孟圣地邹城、曲阜，西通牡丹之乡菏泽，东连煤城枣庄、峄城“万亩石榴园”，是我国重要的“黄金水道”。

微山湖的形成是在4亿年前，那时，华北地区整体下降为浅海和湖沼。到了大约700万年前，由于地壳强烈运动，大面积形成凹陷，鲁中、山西诸水潴积于此形成涝洼区，这些为微山湖的诞生创造了条件。另一个重要原因，由于黄河不断决溢淤积抬高泗水西岸的高地，黄河水长期占据此地形成了湿地，现在的微山湖就定形于明代万历年间的黄河决口。可以说黄河是微山湖的母亲河。

微山湖物产丰富，向来有“日出斗金”的说法，湖内有各种鱼，虾类七、八十种，水生植物40余种，水禽、鸟类达80余种；是个名副其实的天然博物馆，被命名为中国“麻鸭之乡”和“乌鳢之乡”。湖区水资源门类比

微山湖

较齐全。鱼类现有 78 种，以鲤鱼为主，经济鱼类有鲫鱼、黄鱼（鱼桑）、乌鳢、红鳍鲌、长春鳊和鲤鱼 6 种，底栖动物包括软体动物、节肢动物、不节肢动物、昆虫等 63 种（科），其资源总量为 98876 吨，浮游植物共 116 种，其中优势种 14 种，浮游动物 248 种，优势种共 32 种，水生维管束植物 74 种，全湖现存为 304 万吨，渔业生物饵料相当丰富。微山湖矿产资源丰厚。煤炭已探明储量 127 亿吨，是中国重点煤炭基地之一，且埋藏浅、煤层厚，大多为优质气煤、肥煤。稀土已探明储量 1275 万吨，具有含磷、铁等杂质少、品位高、冶炼工艺简单等优点，是目前国内发现的唯一典型氟碳铈澜矿资源。此外，还有大量的石灰岩、煤矸石、黄沙等资源。

微山湖是中国著名的六大淡水湖泊之一，它风光秀丽，美丽而又神秘，自然而又洒脱，山、岛、森林、湖面、渔船、芦苇荡、荷花池，还有那醉人的落日夕阳、袅袅炊烟等等，和谐统一地结合起来，构成了微山湖特有的美丽画面，是个天然的大公园。这些风物中，尤以有“花中仙子”之称的荷花最为耀眼，因其美丽的身姿，和出淤泥而不染的性格，又全身都是宝，人们甚是喜爱。其洋洋洒洒地铺到湖面上，有时多达几十万亩，蔚为壮观，所以又有人把这里叫作“中国荷都”。

本篇简介 Benpian jianjie

兴凯湖，中俄界湖，是一座集防洪蓄水排涝、灌溉及旅游等多功能于一体的天然水体。

兴凯湖（中国）

兴凯湖是因地势陷落积水而形成，为中俄界湖，兴凯湖北 1/3 的面积为中国，南属俄罗斯。面积为 4380 千米，岸线长度 90 千米，湖面海拔 69 米，最深处达 10 米，东西宽 60 千米，南北垂直纵距 140 千米，北纬 45° 20′ 东经 132° 40′。共有 9 条河流注入，湖水从东北方溢出，最后流入乌苏里江。兴凯湖原为我国内湖，1860 年中俄《北京条约》签定后，变成了中俄界湖。

兴凯湖畔

史书记载，兴凯湖在唐代称为湄沱湖，以盛产“湄沱之鲫”驰誉。又因湖形如月琴，故金代有“北琴海”之称，清代改为兴凯湖。兴凯湖又称兴开湖，是当地赫哲语肯卡的谐音，意为水从高处向低处流。“兴凯”是满语，意思为“水耗子”，说明当时兴凯湖中水鼠很多。

兴凯湖属于中等营养化湖泊，生态系统属良性状态，共有鱼类 6 目 12 科 65 种，其中最为著名的是大白鱼和白虾，大白鱼是兴凯湖特产，被列为我国四大淡水名鱼之一；另有鲢花、鳌花、鲍鱼、鲫鱼、湖虾等；甲壳类中以虾类为主，是黑龙江省主要水产养殖基地之一。兴凯湖地处东北亚候鸟大通道，每年 4 月松阿察河口明水区里，有大批候鸟停留，共有 16 目 39 科 190 种，其中国家一级鸟类 5 种，分别为丹顶鹤、东方白鹳、白尾海雕、金雕、虎头海雕，兴凯湖自然保护区重点保护的也是珍稀禽类。

兴凯湖由大、小两湖组成，中间被一道湖岗分开，湖岗上林木葱茏，十分秀美。小兴凯湖温柔恬静，鱼跃鸟飞，帆影点点。大兴凯湖烟波浩森，水天一色，横无际涯，气势磅礴，被称为绿宝石。小兴凯湖与大兴凯湖被一条长 90 千米的天然沙坝隔开，沙坝最宽处约 1 千米，沙

兴凯湖

岗上自然形成的各种绿树成荫，有鹿、貂、鼠、山鸡等动物繁衍生存。兴凯湖的植物，共有 3 目 104 科 460 种，著名的有兴凯湖赤松、兴安桧柏等国家二级保护植物 9 种。湖水经松阿察河与乌苏里江相通。兴凯湖是一座集防洪蓄水排涝、灌溉及旅游等多功能于一体的天然水体。

兴凯湖中心旅游区主要分为三大板块：一是兴凯湖中心景工区（养殖场区），面积 1.98 平方千米，主要由龙王庙、小兴凯湖湖滨浴场、西泡子野生垂钓场、野生动物观赏区构成。二是新开流景区，主要由新开流古文化遗址、水上乐园、大兴凯湖滨浴场构成。三是鲤鱼港景区，主要以百米泄洪闸、金色沙滩浴场构成。

玛旁雍错湖，是佛教徒心目中最为圣洁的湖，有许多著名的旅游景点。

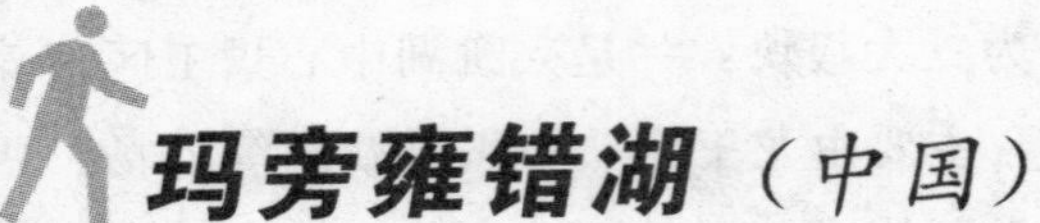

玛旁雍错湖（中国）

玛旁雍错湖，位于西藏阿里地区普兰县城东 35 千米，岗仁波齐峰之南。海拔 4588 米，是世界上海拔最高的淡水湖之一，最深处 81 米，转湖周长约 90 千米，面积 400 多平方千米。早期的苯教徒称它为“玛垂错”，传说湖底聚集了众多的珍宝。

玛旁雍错得名于 11 世纪在此湖畔进行的一场宗教大战，藏语意为“不可战胜的湖泊”。藏传佛教噶举派与苯教的争斗逐渐获胜后，便把已经沿用了很多世纪的“玛垂错”改名为“玛旁雍错”，即“永远不败之碧玉湖”。沿湖而建的佛寺甚多，现存 8 座。《大藏经·俱舍论》中记载，印度往北过 9 座大山，有一大雪山，雪山下有四大江水之源。佛经中说的大雪山就是神山冈仁波齐，而四大江水之源指的就是圣湖之母玛旁雍错。东为马泉河，南为孔雀河，西为象泉河，北为狮泉河。

佛教徒认为，玛旁雍错是最圣洁的湖，是胜乐大尊赐予人间的甘露，圣水可以清洗人心灵中的烦恼和孽障。它是佛教、印度教、苯教所有圣地中最古老、最神圣的地方，它是心灵中尽善尽美的湖，它是宇宙中真正的天堂，是众神的香格里拉，万物之极乐世界。

在印度的神话中，玛旁雍错是大神 Brahma 用意念形成的，因为他的儿子在神山苦行后需要一个地方洗澡。因此印度教徒通常都会在转湖途中到湖中洗浴，而藏民一般只是步行或磕长头转，并不下水。至于旅行者，虽然在最温暖的时候湖水也很冷，而且湖边的风很大，但还是有很多人想借此洗清一生的风霜和内心的不安。

很多书籍和经典描写玛旁雍错的水“像珍珠一样”，喝了以后能“洗脱百世罪孽”，几乎所有的藏族老百姓也会称赞玛旁雍错的水“很甜”。

玛旁雍错有许多著名的旅游景点。即乌寺，是建立在湖边山上的一座小寺，据说莲花生曾在寺内的洞穴中打坐，该寺虽然规模比较小，只是在山坡上有几间藏式佛舍，但它的建筑布局却和布达拉宫如出一辙。不转湖的话，可爬到即乌寺的山坡上，俯瞰整个蔚蓝色的圣湖，还可以到湖边观看不知名的候鸟，偶尔还可跟转湖的虔诚教徒打个照面。即乌寺小村旁有一个天然温泉，当地人把它打造成露天小浴室，供人洗浴，河谷里总是散发着阵阵硫磺味。

圣湖玛旁雍错

朝　圣

从霍尔区过来要先经过巴噶，然后转向南，全程大约 60 千米，即使徒步走也不困难。但在非旅行季节的日子里就麻烦了，或许等上几天，而且要一站一站地走。如从神山方向来，不包吉普车，就只有在塔钦或者到巴噶检查站等便车，在旅行季节运气好的话应该不难。玛旁雍错西北角的即乌寺或者霍尔是到玛旁雍错的主要中转地。但是霍尔区离圣湖还有一段距离，需要徒步前往。

去玛旁雍错旅游，转湖与转山一定要注意保护环境，大家随时准备垃圾袋。

圣湖周长约 90 千米，转湖需 4 天时间，一般都是按顺时针方向走。沿途有 2/3 的路是紧靠湖岸线，北部的路要经过霍尔乡。这条路沙滩、砾石、沼泽交替，在湖东南方有几条河注入玛旁雍错，需淌水过河。自己要带食物，沿途有寺庙可供住宿，但条件简陋。沿湖边远足虽然没有神山的上下山坡那样艰巨，但多是松软的细沙路，走起来也很费力。尤其困难的是在湖的南岸要面对溪涧的挑战。当路上遇到河流溪涧时，只能淌水而过。

转湖的人不像转山的那么多，无论朝圣者还是旅行者。沿途的景色虽然很美，但缺乏变化。若是雨季，路上经过的几条小河也会造成不小的麻烦。大多数旅行者只是小住几日，泡泡温泉，欣赏欣赏湖光山色。

从何处开始转湖并无规定，只要完成一个闭合的圆就行。因为交通便利，大部分人从圣湖西北角的 Chiu Gonpa 开始。如果仅是旅行，从 Chiu Gonpa 开始，逆时针经 Trugo COn，Seralung gon 转到 Hor 也是个好主意。这样不仅欣赏了圣湖的美景，参观了主要的名胜古迹，迎面还可以遇上很多的朝圣者，用自己随身携带的摄像机拍出许多有纪念意义的好片子，也是一件很愉快的事情。

本篇简介 Benpian jianjie 伊塞克湖，世界上最大的山地湖泊之一，以其壮丽的景色和独特的科学价值而著称。

伊塞克湖（吉尔吉斯斯坦）

伊塞克湖，位于亚洲中部，吉尔吉斯斯坦东北部的天山山脉北麓的伊塞克湖盆地 。距吉国首都 200 多千米，为世界最大的山地湖泊之一，以其壮丽的景色和独特的科学价值而著称。湖泊在伊塞克湖盆地的底部边缘内，北为昆格山脉，南为泰尔斯凯山脉。湖泊长 182 千米，最宽处 61 千米，面积 6280 平方千米。水面海拔高度 1600 余米，湖水深达 702 米，容积 1738 立方千米。在世界高山湖泊中水深数第一、集水量第二。湖泊名字源自吉尔吉斯语，意为“热湖”，暗示这是一个在冬天不封冻的湖。

伊塞克湖中国古称图斯池、热海、清池。玄奘西天取经时曾经路过这里，并留下了世界上有关伊塞克湖的最早记载：“山行 400 余里至大清池。周千余里，东西长，南北狭。四面负山，众流交凑，色带青黑，味兼咸苦，洪涛浩瀚，惊波汩忽，龙鱼杂处，灵怪间起。所以往来行旅，祷以祈福。水族虽多，莫敢渔捕。”值得一提的是，其中讲到，湖中有水怪，当地人以为神圣，不敢渔捕。

伊塞克湖是天山上半咸的构造陷落湖。在世界高山湖中，伊塞克湖的面积仅次于南美洲的的的喀喀湖，湖水透明度超过 12 米，湖水含盐量较高，不能饮用和灌溉，故又称“盐湖”。伊塞克湖湖区气候干燥，湖水碧蓝，空气清新，矿泉比比皆是；周围为天山山脉所围，南岸紧临从属天山山脉的泰尔斯山 ，形成伊塞克湖盆地。湖区位于大陆性气候

伊塞克湖

带中部，气候温和干燥。1月平均气温－6℃，7月平均气温15℃～25℃。年降水量200毫米～300毫米，山地地区可达800毫米～1000毫米，但蒸发量大，可达820毫米。近40年来，湖面下降约2米。湖区空气新鲜，湖水清澈，阳光充足，林地葱郁。

湖盆区2.3万平方千米的平原低地，是吉尔吉斯坦的重要产粮区和畜牧区。湖内可定期通航。有雷巴奇耶港。沿岸有疗养区。以湖滨城市雷巴奇耶为中心的疗养区设有泥浴、矿泉浴等设施。湖中水底以下7米处有被淹埋的古城遗址。盆地居民多为吉尔吉斯人和俄罗斯人，也有许多乌克兰人、鞑靼人、乌兹别克人和东干人。那里有普尔热瓦尔斯克和伊塞克二大城，以及数百座村庄。大多数人口集中在普里斯库里东部。居民以务农为主，种植小麦、马铃薯、蔬菜和药用罂粟，也饲养牲畜。湖中有船只定期往返以载运货物和乘客。除些之外还有公路、铁路和空运。

伊塞克湖盆地由第四纪的湖泊淤积构成。昆格山脉最高处达 4771 米，泰尔斯凯山脉最高处为 5216 米，其陡坡和奇峰山脊则为盆地的边界。盆地东部常年积雪。常有强劲大风吹向湖泊，在西部风速平均每小时约 145 千米。盆地内约有 50 条河，最大的杰尔加兰河和蒂普河长近 97 千米，都位于普里斯库里东部。楚河则沿着盆地西边奔流。

伊塞克湖岸和缓平展，东面和东南面有小湾。土壤以沙质为主。湖水呈天蓝色，可见度达 20 米。盆地西部是岩石重叠的荒漠，有一些盐性的半灌木植物。向东则为干草原和草地，还有一种榆树生长在栗色土壤和黑土地上。山上则有亚高山和高山草地。

湖中有 20 种以上的鱼。基本的商业鱼为无鳞奥斯曼鱼和一般鲤鱼

伊塞克湖风光

等。湖东、西岸是水鸟过冬之地，过冬鸟主要有潜鸭、绿头鸭、秃头蹼鸡和水鸭等。1948 年建立了伊塞克湖野生动物保护区。湖滨四周和 1.6 千米的湖岸区内禁止狩猎，兔子、狐狸和麝鼠均生活在灌木丛里。那里总共约有 40 种哺乳动物和 200 种鸟。

伊塞克湖，终年不结冰，风光独特，以“热湖”著称。湖中矿物含量达 6%，有 90 多条河流汇入该湖，但无一条流出。这里有秀美的湖滨自然风光，且夏季气候凉爽宜人，是中亚著名的疗养、旅游避暑胜地。每年旅游旺季所带来的收入，成了伊塞克湖州乃至吉国的重要经济来源之一。穿过蜿蜒的山路，沿湖边驱车 1 小时左右即可到达前苏联时期建造的著名疗养院。路上尽可目睹伊塞克湖绵延的湖岸线，视线锁定在宽阔的湖面上，能够充分感受到阳光在雪山、湖水和沙滩上变幻出的不同色彩。伊塞克湖是前苏联最清洁的湖泊，也是前苏联领导人的疗养胜地。特别值得一提的是，伊塞克湖西北岸就是托克玛克，这里古称碎叶，是中国伟大诗人李白的出生地，可以想见李白诗歌中那些雄奇秀美的名山大川，也一定有着伊塞克湖的影子

夏季的清晨，漫步湖边，清澈湛蓝的湖面一平如镜，水光照天。泛舟湖上，北岸的层层雪峰，在云雾中时隐时现，显得静谧和神奇。当风吹来的时候，湖上顿时白浪滔滔，层层浪花扑向岸边，但到了岸边沙滩，又缓缓退回湖中，湖水、沙滩以其独特的方式接触、交融。

金色的沙滩、碧绿的湖水连同仿佛矗立在湖心的巍峨雪山，伊塞克湖——这颗吉尔吉斯斯坦的耀眼明珠光彩夺目，散发着不可抗拒的迷人魅力，将人们从都市吸引到它的腹地，尽享这自然之美。

关于这个湖的来历，有各种各样的传说。很久以前，高山上有座城堡，主人是个贪婪、残暴的大汗。山脚下住着牧羊人美若天仙的女儿，许多人倾慕她的美貌前去求婚，但姑娘一直回答说：“我已有了心上人。”曾有一个英俊骑士骑着白马带她来到很高很高的地方，从手中摘下戒指戴在她手上说：“我很快会再来。只要有戒指在，你将远离任何

灾难。”大汗带着贵重礼物来求婚，同样遭到了拒绝。姑娘独自上山去找心上人，不小心弄丢了戒指。她哭着往家跑，半路上被大汗劫持到城堡中。但姑娘宁死不从，纵身跃出窗外，落下悬崖。就在这时，地动山摇，大汗的城堡开始往下沉，从四周的山谷中涌出一股股洪水冲向城堡，直到山谷和城堡一起没入水底。

伊塞克湖底确实有古城堡遗迹，这越来越引起考古学家的浓厚兴趣。他们从湖底打捞出一些古代的生活用品和古钱币，经鉴定是成吉思汗时代的物品。因此，对伊塞克湖底秘密的猜想和推测越来越多，最具爆炸力的是，成吉思汗的墓地在湖底。当年这一地区是成吉思汗儿子的属地。据说，成吉思汗去世后，其后人秘密地将成吉思汗遗体和众多的财宝运到湖区，并制作了巨大的石棺，将遗体和财宝装入其中并沉入湖底。然后将其他财宝藏在伊塞克湖地区的山谷中，引泉水将它们掩藏起来。后来所有参与引水工程的人都被杀死了，藏宝的秘密至今也没有被揭开。

柬埔寨的洞里萨湖，为该国中部平原的天然蓄洪库，东南亚最大的淡水湖。

洞里萨湖（柬埔寨）

洞里萨湖，是东南亚最大淡水湖，又称金边湖。其位于中南半岛东南部、柬埔寨西部。洞里萨河同湄公河相连，是湄公河的天然蓄水池。每年枯水季节，湖水经洞里萨河流入湄公河，补充了湄公河水量的不足，这里湖面长 150 千米，宽 30 千米，面积 2700 平方千米～3000 平方千米，平均水深仅 1 米左右。

洞里萨湖岸风光

洞里萨湖

每当雨季来临，湄公河暴涨之时，汹涌的河水经洞里萨湖倒灌入湖中，从而减轻了湄公河下游的河水泛滥。此时洞里萨湖湖面扩大到1万平方千米以上，茫茫湖面宽100千米左右，平均水深10米以上，最深11.5米。干季时，湄公河水位降低，湖水又倒灌入湄公河，除湄公河外，洞里萨湖的补给主要靠周围汇入的河流，其中主要河流有森河、斯伦河、蒙哥博雷河、马德望河、菩萨河等。

湖滨平原平坦、广阔，长500千米、宽110多千米，土地肥沃，河道纵横，其间多沼泽地，且林地茂密，和湄公河三角洲一起组成了柬埔寨中部大平原，是柬埔寨重要农业区及稻米产地。且渔产丰富，交通便捷；涨水时，吃水4米的船只经各支流可达湖区周围的各省省会。

洞里萨湖，为该国中部泛滥平原的天然蓄洪库。法国人称它为大湖，有许多流量变化很大的支流及两条来自北方的常流河斯伦河和森河注入。1975 年后陆续在这些支流上兴建水坝。在 6 月～11 月的季风期间，高涨的湄公河水倒流注入洞里萨湖中，使洞里萨湖的流域面积、深度猛增。可供吃水 3 米的船只溯至各支流，到达各支流畔的城市，如金磅同、暹粒、马德望及菩萨等。雨季时，该湖宽度由约 35 千米增为 105 千米。低水位时和芦苇沼泽差不多，但有供渔船用的水道。该湖为许多水上渔村从事大量的鲤鱼饲养和捞捕业提供了足够的水资源。

本篇简介 Benpian jianjie 凡湖，土耳其第一大湖，中东第二大湖，湖面深度，随季节变化而变化。

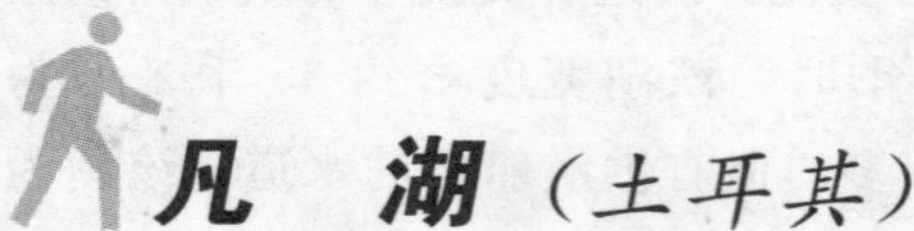

凡 湖（土耳其）

凡湖位于安纳托利亚高原东部，靠近伊朗边境，是土耳其东部山区的内陆咸水湖。原为断层陷落盆地，再经1441年内姆鲁特火山喷发的熔岩阻塞河谷壅水成湖湖面面积3738平方千米，为土耳其第一大湖，中东第二大湖。湖面海拔1646米，随季节略有变化。

湖名来源于公元前10世纪～前8世纪湖东岸强大的乌拉尔图王国的首府名称。湖盆位于高原山地环抱的构造盆地中，形成年代在第三纪晚期（第三纪约结束于250万年前），更可能是在1万～200万年前的更新世。西面是火山分布地区，从内姆鲁特火山流出的熔岩向西南绵延近60千米，阻塞了向西排入穆拉特河的泄水道，使凡湖变为内陆湖，且无出口。

凡湖为含盐湖，湖水不宜饮用、灌溉。湖域略呈三角形，可划分为两部分：北部面积小，湖水浅，湖岸陡峻；南部面积大，湖岸因侵蚀作用变得错综复杂，湖水深，最深达100米以上。湖中多小岛，较大的有北部的加迪尔岛、东部的加帕纳克岛、南部的阿克塔马岛和阿特列克岛。

凡湖湖域集水面积超过15000平方千米，入湖河川以北部的本迪马希河和齐兰河，以及东部的卡拉苏河和米金盖尔河较为重要。其次依靠雨水和冰雪融化水补给。冬季大地封冻，水位最低，随着春暖，大地解冻，雪化冰开，入湖水量增多，水位回升，7月水位最高。水位季节变

凡 湖

化约 0.5 米。夏季该湖有 3 个明显不同的水温区，上层为温水，下层为冷水，还有一个中间过渡层。冬季表层水温急速下降，北部浅水区全部封冻。由于湖水含盐度高，全湖结冰受到阻碍。湖滨低平地区，冬、春、夏季气温受湖泊调剂，水源充裕，土壤肥沃，适宜于耕植，农业比较发达，历来是人口较密集的地区。这里有渔业与制盐业。湖岸平原有园艺与谷物种植。高原山地崎岖荒凉，人口稀少，只有一些牧民随季节逐水草迁徙。湖岸主要城镇有凡城、埃尔季什、盖瓦什、阿赫拉特和阿迪尔杰瓦兹。这些城镇至今仍然保持传统的市集。城镇之间有定期班轮往来。湖中的碳酸钠为主要天然资源。湖区风景秀丽，富有魅力，具有发展旅游业的潜力。

本篇简介 Benpian jianjie

多巴湖，湖光绮丽，位于其西北端著名的“西比索比”瀑布，更是银瀑飞涌，尤为壮观。

多巴湖（印度尼西亚）

多巴湖，位于印度尼西亚苏门答腊北部的马达高原，是印度尼西亚最大的淡水湖，也是驰名世界的高原湖泊，湖面呈长菱形，长 87 千米，最宽处约 26 千米，湖面海拔 906 米，面积 1300 平方千米，湖水最深处可达 529 米。多巴湖原是古代火山口遗址，因年久积水而成湖，湖由断层形成，湖边断层崖壁高达 600 米，崖壁下面是狭窄的平原。

多巴湖

湖中央有一个长约 7 千米，宽约 2.5 千米的小岛，名叫沙摩西岛，这个小岛约占全湖面积的 1/3。这里有狭长的人工堤连接着湖的西岸。岛上山峦起伏，仅四周沿湖处较为平坦。这里山中有水，水中有山，是一处绝妙的自然景观。岛上有大约于 200 多年前亚齐王朝西达布塔尔用石块建造，高离地面的陵墓。

在多巴湖的西北端有一个较为著名的瀑布，名为“西比索比”瀑布，落差 300 多米。瀑布的水从石洞里流出，注入湖中，银瀑飞涌，甚为壮观。湖周围还环绕着许多火山，其中的西巴亚活火山和森纳布活火山，海拔大都在 2000 米以上，山口时有轻烟喷出，白云缭绕，景色迷人。

环湖有公路连接高原各城镇，并通往东、西海岸的棉兰和实武牙。湖滨西北头有东迎渔村。因多巴湖所在的马达高原平均高度是 1000 米，所以这里空气清新、气候凉爽，加上这里如镜的湖水、奇峰环抱的景色以及不断兴建的各种旅游设施，多巴湖因此成为印尼这个终年夏日炎炎的热带国家所少见的避暑旅游胜地。

本篇简介 Benpian jianjie

科学家早就证实了死海“不死”的传说，它能保证不会游泳的人在海中游泳，而不会溺水身亡。

死 海（约旦、巴勒斯坦）

有一个古老的传说，远古时代，某个村庄的男子们有一种恶习，先知鲁特劝他们改邪归正，但他们拒绝悔改并因此触怒了天庭，上帝决定惩罚他们，上帝暗中谕告鲁特，叫他携带家眷在某年某月某日离开村庄，且告诫他离开村庄以后，不管身后发生多么重大的事故，都不准回过头去看。鲁特遵照上帝的旨意离开了村庄，但没走多远，他的妻子由于好奇，偷偷地回过头望了一眼，马上被眼前的一切惊呆了：好端端的

死 海

村庄塌陷了，出现在她眼前的是一片汪洋大海——这就是死海。她因为违背上帝的告诫，立即变成了石人。

死海地处约旦和巴勒斯坦之间南北走向的大裂谷的中段，是东非裂谷的北部延续部分。它的南北长 75 千米，东西宽 5 千米～6 千米，海水平均深度 146 米，最深的地方大约有 400 米。死海的源头主要是约旦河，河水含有很多的矿物质。河水流入死海，不断蒸发，矿物质沉淀下来，经年累月，越积越多，便形成了今天世界上最咸的咸水湖——在这样的水中，鱼儿和其他水生物都难以生存，水中只有细菌和绿藻没有其他生物；岸边及周围地区也没有花草生长，故人们称之为“死海”。但近年来，科学家们发现，在死海湖底的沉积物中也有绿藻和细菌存在。人们对死海的探索和研究始终没有终止过。20 世纪 80 年代初，人们又发现死海正在不断变红，经研究，发现水中正迅速繁衍着一种红色的小生命——“盐菌”。其数量十分惊人，大约每立方厘米海水中含有 2000 亿个盐菌。另外，人们还发现死海中还有一种单细胞藻类植物。看来，死海中也是一个生机勃勃的世界。

死海位于沙漠中，降雨极少且不规则。利桑半岛年降雨量为 65 毫米。冬季气候温暖，夏季炎热。湖水年蒸发量平均为 1400 毫米，因此湖面往往形成浓雾。湖面水位有季节性变化，在 30 厘米～60 厘米之间。湖水上层水温 19℃～37℃，盐度低于 300‰，富含硫酸盐与碳酸氢盐。底层水温 22℃，盐度 332‰，富含硫化物、镁、钾、氯、溴；其底部饱含钠与氯化物。由此，南岸塞杜姆开有化工厂及盐场。

死海一带气温很高，夏季平均可达 34C°，最高达 51C°，冬季也有 14C°～17C°。气温越高，蒸发量就越大。这里干燥少雨，年均降雨量只有 50 毫米，而蒸发量是 140 毫米左右。晴天多，日照强，雨水少，补充的水量，微乎其微，死海变得越来越“稠”——入不敷出，沉淀在湖底的矿物质越来越多，咸度越来越大。死海是内流湖，因此水的唯一外流就是蒸发作用，而约旦河是唯一注入死海的河流，近年来因人们向约

在死海中自由自在的人们

旦河取水供应灌溉及生活用途，死海水位受到严重的威胁。

死海中虽然没有任何水中动植物，但对人类的照顾却是无微不至的，因为它会让不会游泳的人在海中游泳。任何人掉入死海，都会被海水的浮力托住，这是因为死海中水的比重是1.17～1.227，而人体的比重只有1.02～1.097，水的比重超过了人体的比重，所以人就不会沉下去。旅行社的导游们拍下了一幅幅令人不可思议的照片：游客们悠闲地仰卧在海面上，一只手拿着遮阳的彩色伞，另一只手拿着一本画报在阅读，随波漂浮。死海的海水不但含盐量高，而且富含矿物质，常在海水中浸泡，可以治疗关节炎等慢性疾病。因此，每年都吸引了数十万游客来此休假疗养。

本篇简介

Benpian jianjie

大熊湖，加拿大的第一大湖，因湖中栖息着众多北极熊而得名。

大熊湖（加拿大）

大熊湖，位于加拿大西北部，北极圈经其北部。长约320千米，宽40千米～175千米，面积31，328平方千米，最深413米。为加拿大境内最大湖泊和北美第四大湖。系构造洼地经第四纪冰川挖蚀而成。湖水清澈，湖岸陡立。湖区气候严寒，结冰期长，仅8、9两个月可通航。

大熊湖畔度假小屋

湖中多小岛。湖水西经 110 千米长的大熊河注入马更些河。这里产白鱼和湖鳟等。湖区有铅、锌、金等矿藏，20 世纪初东岸地区发现沥青铀矿，1930 年开始开采，从矿砂中提炼镭、铀，并有银、铜、钴、铅等副产品。南岸派恩波因特为铅、锌矿开采中心，东北岸耶洛奈夫为金矿开采中心和加拿大西北地区首府。东岸的采矿中心镭港和西岸的商业点富兰克林堡是湖区主要居民点。

湖水寒冷清澈、多游鱼。18 世纪末西北公司商人到此，1799 年在湖岸地区建立贸易站。1825 年英国人约翰·富兰克林来此探险。因湖区栖息众多北极熊而得名。

本篇简介 Benpian jianjie

大奴湖，加拿大的第二大湖，因在该湖的岸边曾居住过的印第安部落而得名。

大奴湖（加拿大）

大奴湖，加拿大第二大湖。位于加拿大西北部的马更些地区南部，因曾在该湖的岸边居住过印第安部落，这些印第安部落被印第安人中的克里人赶到了北部地区，并被他们称为“奴隶”，“大奴湖”由此而得名。

湖水经马更些河导出注入北冰洋。湖长 500 千米，宽 50～225 千

大奴湖

米，湖面海拔 156 米。湖形不规则，岸线曲折，多湖湾。湖水深而清澈，最大深度 614 米，湖水总体积 2088 立方千米。有多条河流注入，其中从东南部注入的奴河最重要；湖水经马更些河从西部流出。湖中多岛屿。地处高纬，气候严寒，湖面结冰期较长。渔业较盛，产白鱼、湖鳟等。

大奴湖其形成同第四纪冰川作用密切联系。其中除温尼伯湖及其邻近的马尼托巴等湖属于冰缘湖的残迹湖外，大多与冰蚀或冰碛有关。冰蚀作用占主要地位，以冰蚀湖为主，基本上是冰蚀作用的结果。

大奴湖东阿姆地区有早元古代红层、蒸发岩和次生沉积铀矿。东阿姆地堑有一个很厚的保存完好的未变质沉积岩地层。在古纬度 30°范围内沉积的地层中，还见有大量早期蒸发岩存在的证据。铀矿床是在低温

大奴湖度假小屋

成岩期间早期堆积的碳氢化合物地区内的氧化水经过沉淀而形成的。这表明早元古代的气候、大气圈和水圈与现代的相似。在这样的古老地质体中，人们可以寻找到化学沉积型和碎屑砂岩型铀矿床。

普罗维登斯古堡坐落在耶洛奈夫附近的羊毛湾上，它是大奴湖边上的第一个交易栈，由彼得邦建于 1786 年。然而彼得邦只在这里停留了 2 个季节，后来又为亚历山大麦肯西所用。西北公司和 HBC 也先后在这里从事贸易，直到 1831 年。古堡早已腐朽，但是在这些残骸中游客仍旧可以观赏到当时的石造壁炉。

本篇简介 Benpian jianjie

温尼伯湖，加拿大第三大湖，在航运和捕渔业方面具有举足轻重的重要性。

温尼伯湖（加拿大）

温尼伯湖，加拿大第三大湖，位于加拿大马尼托巴省中南部地盾西南边缘。其为更新世冰期后形成的冰川湖阿加西兹湖的残迹湖 。南北长 442 千米，东西宽 32～112 千米。面积 2.44 万平方千米 。湖面海拔 217 米 。平均水深 15 米 ，最大深度 28 米 。蓄水量 371 立方千米。湖岸较平直。接纳温尼伯、雷德、萨斯喀彻温河等众多河流，北经纳尔逊河注入哈得孙湾。湖中有岛屿，如赫克拉、迪尔、布莱克等岛。渔产丰富，可通航，南岸为游览区。

冬日的温尼伯湖

本篇简介 Benpian jianjie

安大略湖，世界第十四大湖，加拿大安大略省约 1/3 的人口聚居在湖泊的周围。

安大略湖（加拿大）

安大略湖是世界第十四大湖，北邻加拿大安大略省，南毗尼亚加拉半岛和美国纽约州。安大略湖的地理坐标为北纬 43.7° 西经 77.9°，海拔高度为 75 米。湖岸线长 1380 千米，最深处有 244 米，最大的流入河流是尼亚加拉河，最大的流出河流是圣劳伦斯河，属于世界最大的淡水湖群，是北美洲五大淡水湖之一，是五大湖中面积最小的（19554 平方

安大略湖

安大略湖风光

千米），但是蓄水量（1688 立方千米）超过伊利湖（1639 立方千米）。“安大略”这个名字来自易洛魁语 Skanadario，意思是“美丽之湖”或“闪光之湖”，加拿大的安大略省就因此湖而得名。

安大略湖北美洲大湖区最东和最小的湖泊。有尼加拉、杰纳西、奥斯威戈、布拉克和特伦特河注入，湖水从东端经圣罗伦斯河导出。经韦兰运河和尼加拉河与伊利湖连接，经特伦特运河通乔治亚湾。北面为农业平原，工业集中在港口城市多伦多、汉米敦和罗彻斯特。其他港口有京斯顿、奥斯威戈。沿岸水面封冻时，港湾每年 12 月中旬至来年 4 月中旬不通航。全年通航期 8 个月。

安大略湖略呈东西延伸，大致成椭圆形，主轴线东西长约 311 千米，南北最宽 85 千米 。著名的尼亚加拉大瀑布上接伊利湖，下灌安大略湖，两湖落差 99 米。平均水深 85 米。湖岸线较平直，仅东北端较曲折。北岸为平原，南岸为尼亚加拉崖壁。上游四大湖湖水经尼亚加拉河流入，流域面积 7 万平方千米（不包括湖面积），湖水向东经圣劳伦斯河注入大西洋，与周围湖、河有运河相通。

湖区农业发达，安大略湖北面为农业平原。工业集中于湖港周围。1932 年韦兰运河的开凿、1959 年圣劳伦斯航道的完成，使安大略湖对世界航运的影响更加重要。安大略湖周围人口密集，加拿大安大略省 1/3 的人口聚居于此。

休伦湖，北美洲五大湖之一，是第一个为欧洲人所发现的湖泊。

休伦湖（美国、加拿大）

休伦湖，北美洲五大湖之一，美国和加拿大共有之。其位置居中。它由西北向东南延伸，长 330 千米，最宽 295 千米。面积 5.96 万平方千米，在五大湖中居第二位。湖面海拔 177 米，平均水深 60 米，最大深度 229 米，蓄水量 3540 立方千米。湖岸线长 2700 千米，较曲折，东北部有乔治亚湾。湖岸多为沙滩、砾石滩和悬崖绝壁。湖水水质良好，冬季沿岸封冰，多岛屿，主要分布在乔治亚湾，其中马尼图林岛面积 2766 平方千米，为世界最大湖岛，为旅游、休养胜地。湖区铀、金、银、铜、石灰石和盐等矿产资源丰富，为重要工业区。湖中有鱼，渔业发达。重要港口有麦基诺城、阿尔皮纳、萨尼亚、罗克波特、罗杰斯城等。

灰色休伦湖

休伦湖是第一个为欧洲人所发现的湖泊，位于美国密歇根州和加拿大安大略省之间。休伦湖由早期法国探险者命名，名字来源于居住于附

休伦湖风光

近地区的印第安人休伦族人。

流域面积133900平方千米（不包括湖面积59570平方千米）。这里有苏必略湖（经圣玛利河）、密西根湖（经麦基诺水道）和众多河流注入。湖水从南端（经圣克莱尔河、圣克莱尔湖和底特律湖）排入伊利湖。东北部多岛屿，形成著名乔治湾。湖区主要经济项目有伐木业和渔业。沿湖多游览区，为圣罗伦斯通海水道的一段，水上运输繁忙。4月初至12月末为通航季节。

这里主要港口有美国的罗克波特、罗杰兹城、希博伊根、阿尔皮纳、贝城、哈伯比奇和加拿大科灵伍德、米德兰、蒂芬、波特麦尼科、迪波特港。

苏必利尔湖吸引着无数观光者与冒险家。旅游业是附近城镇的支柱产业。

苏必利尔湖（美国、加拿大）

苏必利尔湖北美洲五大湖之一，是世界仅次于里海的第二大湖。苏必利尔湖为美国和加拿大共有。为北美洲五大湖最西北和最大湖泊，世界最大淡水湖之一。湖东北面为加拿大安大略省，西南为美国明尼苏达、威斯康辛和密西根州。湖面东西长 616 千米，南北最宽处 257 千

苏必利尔湖

米，湖面平均海拔 180 米，水面积 82103 平方千米，最大深度 405 米。蓄水量 1.2 万立方千米，占五大湖蓄水量 1/2 以上。湖岸线长 3000 千米，沿岸森林密布，北岸曲折多湖湾，有近 200 条河流注入湖中，以尼皮贡和圣路易斯河为最大。

湖中主要岛屿有罗亚尔岛（美国国家公园之一）、阿波斯尔群岛、米奇皮科滕岛和圣伊格纳斯岛。岛上蕴藏有多种矿物，如铁、镍、铜等。多天然港湾和增建港口。主要港口有加拿大的桑德贝和美国的塔科尼特、图哈伯斯、阿什兰、汉考克、霍顿和马凯特等。

湖区气候冬寒夏凉，多雾，风力强盛，湖面多波浪。水面季节变幅为 40 厘米～60 厘米，冬季水位较低，夏季较高。水质清澈，水温较低，夏季中部水面温度一般不超过 4℃。冬季湖岸带封冰，全年可航期一般 6～7 个月。

沿湖多林地，风景秀丽，人口稀少。季节性渔猎和旅游为当地娱乐

苏必利尔湖风光

业主要项目，湖区为毛皮兽产地。该湖1622年为法国探险家发现，湖名取自法语，意为“上湖”。湖水较纯净。湖中最大岛屿为罗亚尔岛，已辟为美国国家公园。北岸岸线曲折，多湖湾，背靠高峻的悬崖岩壁；南岸多低沙滩。湖水经圣玛丽斯河倾注休伦湖，两湖落差约6米，水流湍急。这里建有苏圣玛丽运河，借以绕过急流，畅通两湖间的航运。湖区森林茂密，矿产资源丰富，主要有梅萨比的铁、桑德贝的银以及湖泊北面的镍和南面的铜等。

苏必利尔湖卫星图片

苏必利尔湖北岸的历史可以追溯到相当久远的年代。在地质年代的早期，岩浆涌出地表而形成由花岗岩组成的加拿大地盾。这些古老的花岗岩现在还可以在湖的北岸观察到。这个时期的佩尼奥克造山运动使得许多贵重金属沉积在这里，苏必利尔湖的北岸已经被证实拥有丰富的矿物，包括铜、铁、银、金与镍。

苏比利尔湖周围的许多城镇是采矿区、加工区或是航运据点。崎岖的湖岸与荒野吸引着无数的观光者与冒险家，所以旅游业是苏比利尔湖附近城镇的重要产业。

伊利湖，为美国、加拿大共有的湖泊，是北美洲五大湖之一，皮利岛是其中最大的岛屿。

伊利湖（美国、加拿大）

伊利湖，北美洲五大湖之一，为美国和加拿大共有，东、西、南面为美国，北面为加拿大。其呈西西南—东北向。东西长388千米，最宽92千米。面积2.57万平方千米，在五大湖中居第四位，仅大于安大略湖。湖面海拔174米，比安大略湖高99米。平均水深18米，最大深度64米，在五大湖中最浅。蓄水量455立方千米。湖岸线总长1200千米，较平直，少湖湾。湖中有岛屿，集中在湖的西端，以加拿大的皮利岛为最大。

伊利湖

伊利湖多风景，西北岸有皮利角国家公园（加拿大）。12月初至次年4月初湖面封冰，全年航行期为8个月。接纳休伦、雷辛、莫米等河流，西经底特律河—圣克莱尔湖—圣克莱尔河；接纳苏必利尔湖、密歇根湖、休伦湖的湖水，东经尼亚加拉河注入安大略湖，通过韦兰运河和纽约州巴吉运河分别与安大略湖和哈得孙河相通。主要港口有托利多、布法罗、克利夫兰、底特律等。

伊利湖东、南、西面为美国的纽约、宾夕法尼亚、俄亥俄和密西根等州，北为加拿大安大略省。湖流域面积 58770 平方千米（不包括湖面水域 25667 平方千米。有美国的底特律、休伦、莱辛（Raisin）和加拿大的格兰德河注入。湖水从东端经尼加拉河排出。沿湖地区工业主要依赖水上运输（铁矿石、石灰石、烟煤、谷物）。1960 年代，环境污染导致许多湖滨游览区关闭，到 20 世纪 70 年代末环境破坏得到控制。

本篇简介 Benpian jianjie

密歇根湖，是唯一的全部属于美国的湖泊，沿线有频繁的国际贸易往来。大部分湖岸区为避暑地。

密歇根湖（美国）

密歇根湖，也叫密执安湖，位于美国东北部，在北美五大湖中面积居第三位，是唯一的全部属于美国的湖泊。四周接密西根（东、北）、威斯康辛（西）、伊利诺（西南）和印第安纳（东南）各州。湖北部与

密歇根湖

密歇根湖的早晨

休伦湖相通，南北长 517 千米，最宽处 190 千米，湖盆面积近 12 万平方千米，水域面积 57757 平方千米，湖面海拔 177 米，最深处 281 米，平均水深 84 米，湖水蓄积量 4875 立方千米，湖岸线长 2100 千米。约 100 条小河注入其中，北端多岛屿，以比弗岛为最大。

密歇根湖北岸弯曲，良港众多，南岸平直，且多沙丘，无天然港口。东岸受湖水调剂，晚春早秋亦不冰冻，沿岸盛产苹果、桃、梨等水果。

大湖区一圣劳罗斯河航道穿经该湖，沿线有国际贸易往来。南端邻近以芝加哥为中心的大工业区（经卡柳梅特、盖瑞、印第安纳和埃斯卡诺巴港输入大量铁矿石、煤和石灰岩等原料）。其他主要港口有密尔瓦基、绿湾、芝加哥、密西根城、窝基根、克诺沙、拉辛、华盛顿、马尼托沃克、马尼斯蒂、拉丁顿、摩斯奇更、格兰德港和本顿港等。

沿湖岸边有湖波冲蚀而成的悬崖，东南岸多有沙丘，尤以印第安纳国家湖滨区和州立公园的沙丘最为著名。湖区气候温和，大部分湖岸为避暑地。东岸水果产区颇有名，北岸曲折多港湾，湖中多鳟鱼、鲑鱼，垂钓业兴旺。南端的芝加哥为重要的工业城市，并有很多港口。12 月中至次年 4 月中港湾结冰，航行受阻，但湖面很少全部封冻，几个港口之间全年都有轮渡往来。

大盐湖，西半球最大咸水湖，世界上含盐度最大的内陆湖之一。

大盐湖（美国）

大盐湖，北美洲最大的内陆盐湖，西半球最大咸水湖。位于美国犹他州西北部，东面是洛基山，西面是沙漠。大盐湖为更新世大冰期大盆地内大淡水湖的残迹湖。大盐湖干燥的自然环境与著名的死海相似，湖水的化学特征与海水相同。大盐湖延西北－东南方向延伸，长 120 千米，宽 63 千米，深 4.6 米～15 米，面积 3525 平方千米。湖面海拔约 1280 米。盐度高达 150‰～288‰。大盐湖资源丰富，盐类储量较大，达 60 亿吨，其中食盐占 3/4，还有镁、钾、锂硼等。

大盐湖

大盐湖，地处洛基山脉1280米处，四周群山环绕，常年积雪。大盐湖是个死水湖，没有泄水口，湖水流失主要靠太阳的自然蒸发。湖水的补充则主要来自大自然的雨和融化的雪水。当盛夏炎炎时为沙漠型气候，雨、雪水源源不断地将高山上和沙漠中的矿物质及微量元素冲刷到湖泊中。太阳每日不懈地将湖泊中的水分蒸发掉，水分流失，矿物质和微量元素却在湖中安了家 。日复一日，年复一年，几亿年来这种天然生态循环，造成盐湖中的矿物质和微量元素含量愈来愈高，水的浓度高出海水50倍。

经研究发现，湖水中含有76种矿物质和微量元素，而且这些元素与人体体液的含量相吻合，含量均衡，种类齐全，同时具有天然杀菌的效果，就连全世界最棘手的水中细菌“沙门杆菌”都无法生存。大盐湖

黄昏的大盐湖

大盐湖野生动物保护区

是迄今世界上历史上由於蒸发量和河水流量的变动，湖的面积变化极大，1873 年和 1980 年代中期面积为 6200 平方千米，1963 年只有 2460 平方千米。湖面可高达海拔 1284 米，低则为 1277 米。一般水深 4.5 米，最深达 11 米。天然矿物质和微量元素含量最多、最齐全、最均衡的湖。

大盐湖是史前时代的邦纳维尔湖的残迹。约在 100 万年前，邦纳维尔湖面积广达 5.2 万平方千米。在其后的冰期中，大量淡水注入湖盆，经蛇河汇入哥伦比亚河，最后注入太平洋。冰期过后，水位下降，出口切断，遂变成内陆湖。贝尔河、韦帕河和约旦河每年输入湖盆的盐类多达 110 万吨。湖盆中累积的盐类总计已有 60 亿吨。以氯化钠为主，硫酸盐、镁、钾等亦很丰富。

19 世纪起，人们开始在大盐湖开采食盐和钾碱。1971 年，人们开始大规模从湖水里提炼镁。18 世纪绘制的地图上已标明大盐湖的位置。1847 年有摩门教徒在湖畔定居。1850 年，对湖区进行了测量。1869

年，美国兴建的第一条横贯大陆的铁路经过该湖的东北岸。1890 年美国地质调查学家和工作人员在此进行了科学考察，获得大量资料。

大盐湖为犹他州一大旅游胜地。盐湖城是该州内最大的城市和首府，位于湖的东南岸。由于周围被大片沙丘、盐碱地和沼泽所包围，大盐湖至今与附近的许多城市和村镇仍处于隔绝状态。近年来计划进一步开发湖区的丰富矿产和发展水上体育活动，建立野生动物保护区，以保护鹈鹕、苍鹭、鸬鹚和燕鸥等珍贵野禽。大盐湖将成为游览、休憩胜地。

本篇简介 Benpian jianjie

马拉开波湖，是南美洲最大的湖泊，世界闻名的石油湖，被世人誉为世界上最富足的湖泊。

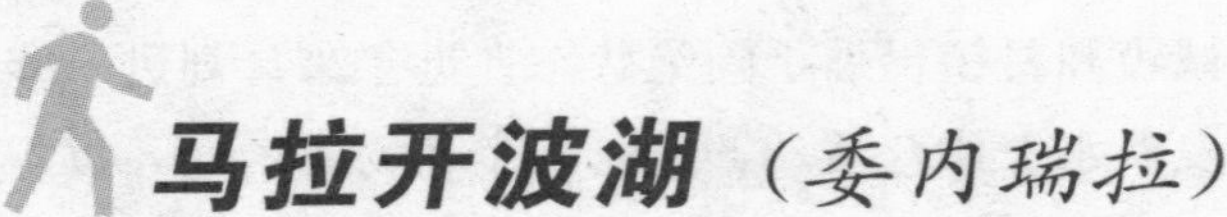

马拉开波湖（委内瑞拉）

马拉开波湖，是南美洲最大的湖泊。其位于委内瑞拉西北部沿海马拉开波低地的中心，湖北端经长 35 千米、宽 3 千米～12 千米的水道与委内瑞拉湾相通，系安第斯山北段一断层陷落的构造湖。马拉开波湖口窄内宽，南北长 190 千米，东西宽 115 千米，湖岸线长约 1000 千米。面积 1.34 万平方千米。北浅南深，最深达 34 米，均深 20 余米，容积 2.8 亿立方米。含盐度 15～38。除北部委内瑞拉湾沿岸气候干燥、年降水量不足 500 毫米外，湖区大部分高温多雨，年平均气温 28℃，年降水量 1500 毫米以上，为南美洲最湿热地区之一。石油资源丰富，有“石油湖”之称。油田集中于东北岸和西北岸。1917 年这里打出第一口生产井，1922 年起大规模开采，使委内瑞拉成为世界重要的石油生产国和出口国之一。

马拉开波湖

马拉开波湖，加勒比海的大水湾，在委内瑞拉马拉开波盆地内。自

马拉开波湖上的钻井

委内瑞拉湾南伸 210 千米。为邻近地区和哥伦比亚—委内瑞拉高原的运输大动脉。湖水除南端以外，都很浅。1930 年经常疏浚，现可通远洋轮和油轮。马拉开波湖区为世界上最富饶、最集中的产油区之一。石油工业大多为外国（主要是美、英、荷）开发。1975 年实现国有化。采油的同时可获得天然气。

马拉开波湖面宽广，一望无际，靠南的部分有大小 150 多条内陆河注入，是淡水；湖北部出海口有近 10 千米宽的水面与加勒比海相接，水很咸。

位于马拉开波湖西北部的马拉开波市是委内瑞拉第二大城市和港口，新兴的石油城，苏利亚州州府。马拉开波市原为出口咖啡和农牧产品小型港口，1918 年因马拉开波湖发现大量石油而飞速发展，10 年内成为著名的石油城，湖区原油产量最高时占全国总产量 2/3。除石油化工业外，马拉开波市还有建筑、食品、石化、纤维、烟草、造船、水泥等工业。

1962年建成的马拉开波大桥是世界上最早的混凝土斜拉桥，主桥5孔，跨径235米，全桥长8.6千米。雄伟壮观的马拉开波大桥不仅是连接湖两岸的交通枢纽，也是湖区一景、当地人的骄傲。为纪念独立战争时期的英雄，人们把这座大桥称为乌尔塔内塔将军桥。

马拉开波湖被誉为世界上最富足的湖。宽广的湖面上采油站、井架、磕头机比比皆是，整个湖区有7000多口油井，年产7000多万吨原油。马拉开波湖的渔业资源也十分丰富，除出产大量鱼虾外，现在湖边的许多地方也搞起了水产养殖。湖岸四周是大片肥沃的牧场，是委内瑞拉全国最重要的畜牧业基地，这里出产的牛奶和奶酪占全国的70%。当地人这样比喻，马拉开波湖的形状就像是个朝加勒比海开口的钱袋，湖口的乌尔塔内塔将军大桥是扎着袋口的绳子，湖底和四周埋藏的全是石油和“美元”。

本篇简介 Benpian jianjie　尼加拉瓜湖，中美洲最大的湖泊，位于尼加拉瓜西南部，是这个国家最显著的自然象征。

尼加拉瓜湖（尼加拉瓜）

尼加拉瓜湖是中美洲最大的湖泊，位于尼加拉瓜西南部，当地印第安人称之为科西沃尔卡湖，意思是“淡水海”。尼加拉瓜湖是这个国家最显著的自然特征。当地原住民称尼加拉瓜湖为科西沃尔加，意为“甜海”；西班牙人称之为马尔·杜尔塞，涵义也是“淡水海”。

尼加拉瓜湖一词导源于印第安部落首领尼加拉奥，该部落居民分

尼加拉瓜湖

布于湖滨，因之得名。湖呈卵形，长 177 千米，平均宽 58 千米，面积 8157 平方千米。中部水深约 18 米，最深点位于奥梅特佩岛东南方，达 60 米，湖面海拔 29 米。

尼加拉瓜湖与其西北面的马拿瓜湖之间有蒂皮塔帕河。两湖原为太平洋海湾，由于火山活动而与海洋隔离，形成湖泊。海湾中的鱼类逐渐适应水体的淡化，因而尼加拉瓜湖成为唯一有海洋鱼类（鲨鱼、箭鱼和大海鲢）的淡水湖。湖水由 40 多条大小河川补给，其中以蒂皮塔帕河最大。从湖的东南角流出的圣胡安河，全长 180 千米，两岸森林繁茂，为尼加拉瓜与哥斯达黎加的界河，向东南注入加勒比海。湖西南的里瓦斯地峡，宽仅 19 千米，成为隔离湖域与太平洋的狭窄走廊。

湖面水位随着雨季、干季的交替而变化，雨季 5～10 月水位上升；干季 12 月到次年 4 月水位下降。表层水温通常为 24℃，底层为 16℃。湖中有大小岛屿 400 多个，最小的只有几百平方米，绝大多数岛屿树木繁荫，热带果树常年葱绿。有些岛屿有居民定居。最大的奥梅特佩岛，长 26 千米、宽 13 千米，面积达 300 多平方千米。从该岛发掘出来的大量古代石像和陶器，表明这里曾是美洲古代文明的遗址。岛上盛产咖啡、可可、玉米、香蕉和其他水果，还有棉花和烟草。1820 年曾有人提出开凿沟通大西洋、太平洋运河的设想，即由圣胡安河经尼加拉瓜湖，再凿通里瓦斯地峡。1914 年巴拿马运河通航之后，原来开凿尼加拉瓜运河的计划即束之高阁。尼加拉瓜湖风景十分秀丽，适宜垂钓、乘船、游泳和考古，将来开凿通海运河的计划如能付诸实施，尼加拉瓜湖将成为更具魅力的旅游胜地。

数万年前，尼加拉瓜湖是太平洋的一个海湾，因火山喷发，与海隔绝而成湖。湖水随日月的流逝而渐渐淡化，变成了一个淡水湖。生息在湖里的海鱼也适应了水的淡化存活下来。现在，湖里仍然有成千上万尾鲨鱼、箭鱼和大海鲢等海鱼。

现在太平洋与尼加拉瓜湖之间有 19 千米的地峡相连，地峡中水深不一，约 23 米～70 米。湖水通过圣胡安河流入加勒比海。湖面上水鸟云集，湖内盛产各种咸水鱼，有鳄鱼、鲨鱼、海鳖等，鲨鱼是由加勒比海上沿着圣胡安河游到湖里的，所以尼加拉瓜湖内禁止人游泳。观看大小鳖群爬上礁石晒太阳，是湖边一景。

尼加拉瓜湖岸上绿树成荫，许多红顶凉亭点缀其间，湖水一片湛蓝，湖风习习，水鸟翻飞，鱼儿不时跃出水面，蓝天、白云、水光、湖色构成了一派迷人的景色。现在，幽美的尼加拉瓜湖已与马萨亚火山并驾齐名，成为尼加拉瓜著名的两大景观。

本篇简介 Benpian jianjie

的的喀喀湖，位于玻利维亚和秘鲁两国之界的科亚奥高原上，是南美洲印第安人文化的发源地之一。

的的喀喀湖（玻利维亚、秘鲁）

的的喀喀湖面积有 8330 平方千米，海拔 3812 米，水深平均 100 米，最深处可达 256 米。它是南美洲海拔最高、面积最大的淡水湖，也是世界海拔 2000 米以上面积最大的淡水湖。它位于玻利维亚和秘鲁两国交界的科亚奥高原上，其中 2/5 在秘鲁境内，3/5 在玻利维亚境内，被称为“高原明珠”。

的的喀喀湖位于安地斯山脉的一个广阔盆地（面积约 58000 平方千米）中，构成安地斯山脉北部阿尔蒂普拉诺高原的一大部分。在湖的东北岸（玻利维亚境内）被雪覆盖的雷亚尔山脉中，有安地斯山脉中最高

的的喀喀湖风光

的的喀喀湖

的山峰，高达 6400 米以上。

湖的水位有季节性变化和数年的周期变化。雨季水位升高，正常情况下在冬季干旱的几个月中水位降低。过去认为的的喀喀湖在慢慢地干涸，但最近的研究似乎否定了这种说法，指出其水位涨落多少有一定的周期。

的的喀喀湖的湖水清澈、微咸，含盐度 5.2%～5.5%。水面平均温度 14℃；自 20 米的温跃层往下水温逐渐降低，水底温度为 11℃。湖中的鱼类主要有两种鳉和一种鲇鱼。1939 年及其后，引入了鳟鱼。还有一种大蛙栖息在湖边较浅的地区，大的有将近 1 英尺长。

湖岸和岛屿上的许多遗迹证明，这里曾有过美洲最早的文明。主要的遗迹在湖南端玻利维亚境内的蒂瓦纳库。的的喀喀岛上的神庙遗址，按照印加人的传说，是印加王朝的缔造者芒科·卡帕克和玛玛·奥柳被太阳神派遣到地球上来的着陆地。

的的喀喀湖是南美洲印第安人文化的发源地之一。印第安人称之为圣湖。传说中，水神的女儿伊卡卡爱上青年水手蒂托，水神发现后大怒，将蒂托淹死。蒂托死后化为山丘，伊卡卡则变成浩瀚的泪湖，印第安人将他俩的名字结合一起称为“的的喀喀”湖。

的的喀喀湖真正魅力在于它独特的自然人文资源。海拔 3800 米以上的清冽稀薄的空气、更接近太阳本色的阳光和比天空更湛蓝的湖水。在这里，殖民文化和印第安文化被奇妙地融合了，形成了该地区特有的地域文化。当地人至今仍使用印第安语言，保持印第安生活传统，却个个都是虔诚的天主教徒。乌鲁斯人的漂流岛是的的喀喀湖上最受欢迎的旅游项目。乌鲁斯人是印第安阿依马拉族的一支，作为一个小部落，他们为了避开印加等帝国的侵略而逃到了湖中。他们择“芦”而居，吃芦笋，用芦苇根造出巨大的浮岛，在岛上用芦苇造房子、造船、造一切生

的的喀喀湖风景

活必需品。他们知足常乐，在漂流岛不大的一方天地里，世世代代生活下去，将用苇草制物的手艺口口相授。今天，仍有数百人居住在这些漂流岛上。最大一个漂流岛上还有学校、邮局和商店。

居住在的的喀喀盆地上的艾马拉人现仍使用印加时期以前在梯田上耕作的方法。他们种植大麦、昆诺阿藜（一种能长出小谷粒的苋草）和从阿尔蒂普拉诺引进的马铃薯。的的喀喀湖附近有世界上最高的耕地——海拔 4700 米的一片大麦田。在这个高度上，谷物永远不会成熟，但其茎秆则可用作美洲驼和羊驼的饲料。美洲驼和羊驼是骆驼在美洲的亲缘动物，印第安人用作役畜，也当作肉类食用，还取驼毛保暖。湖畔平原布满大量的前哥伦布时期筑高的台田和沟渠（现已荒废），这是用来改善排水并提高地区农业的产能。在秘鲁和玻利维亚的某些地区已重新启用这种古代的开垦系统。

1862 年，第一次在湖上航行的轮船是预先在英国制成部件，然后一件一件用骡子驮到的的喀喀湖来的。现在则有定期班轮往来于秘鲁湖岸的普诺和玻利维亚的小港口瓜基之间。瓜基与玻利维亚首都拉巴斯之间有一条窄轨铁路相连。另有一条铁路（世界最高的铁路之一）从普诺通往阿雷基帕以及太平洋海岸，使内陆国玻利维亚有了一条通往海洋的重要连络通道。的的喀喀湖终年通航，是连接秘鲁、玻利维亚两国的交通要道。

的的喀喀湖是世界上海拔最高的大船可通航的湖泊。湖中有日岛、月岛等 51 个岛屿，大部分有人居住，最大的岛屿的的喀喀岛有印加时代的神庙遗址在印加时代被视为圣地，至今仍保存有昔日的寺庙、宫殿残迹。位于玻利维亚境内的太阳岛、月亮岛点缀湖中，两岛的岩石呈棕、紫二色，湖光岛色，交相辉映，格外美丽。两岛上有丰富的印第安人遗迹。月亮岛上有公元前的古城遗址、精美壮观的宫殿、庙宇、金字塔他其它石头建筑物。在秘鲁境内的埃斯特维斯岛上有新建的一座旅游者饭店，在此可观赏湖光山色，颇有乐趣。

有25条河流流入的的喀喀湖，只有一条德萨瓜德罗河从湖中流出到另一内陆咸水湖波波湖，只带走入湖水量的5%，其余水分主要因大量蒸发消耗，但的的喀喀湖仍然保持是一个低含盐度的淡水湖，主要盐分被德萨瓜德罗河带走。

湖盆由西北向东南延伸达193千米，湖面最宽达80千米，东南部有一伸入湖面的半岛，将湖水分为两部分，通过蒂其纳峡口连接，西北部较大的部分被玻利维亚人称为丘奎托湖，秘鲁人称为大湖；东南部较小的部分被玻利维亚人称为维尼亚马卡湖，秘鲁人称为毕克诺湖，湖水从小湖流入德萨瓜德罗河流出注入波波湖。

的的喀喀湖是一个内陆湖，但不同于世界上许多高山、高原上的咸水湖，而是一个淡水湖。它海拔高而不冻，处于内陆而不咸。这是因为湖的四周雪峰环抱，湖水不断得到高山冰雪融水的补充，故而湖水不咸；又因为湖泊地处安第斯山的屏蔽之中，高大的安第斯山脉阻挡了冷气流的侵袭，湖水故而终年不冻。湖岸蜿蜒曲折，形成许多半岛和港湾，湖畔水草丰美，湖中鱼虾众多。

的的喀喀湖周围环有许多城镇，城镇中都有古印第安文化遗址，最著名的为蒂亚瓦纳科文化遗址。湖岸的印第安人从远古起使用鸟粪肥种植玉米、土豆等农作物。他们在雕刻、建筑、冶金、制陶方面都达到很高水平。的的喀喀湖区域是印第安人培植马铃薯的原产地。周围群山环绕，峰顶常年积雪，湖光山色，风景十分秀丽，为旅游地。

蒂亚瓦拉科文化遗址位于的的喀喀湖东南21千米处，海拔约4000米。在那里可以看到许多巨大的石像和石柱，其中最著名的古迹是雨神维提科恰的石塑像。这里还有闻名于世的太阳门，它是用整块巨大的石块做的门，门上有被太阳光线围着的人形浅浮雕。紧挨着太阳门，有座奇特的建筑，是用石头砌成的长方形台面，长118米，宽112米，印第安克丘亚语称之为“卡拉萨塞亚”。据考古学家分析，可能是古代印加帝国祭祀太阳神的祭坛。这里是的的喀喀湖区艺术的荟萃。

本篇简介 Benpian Bjianjie

里海，世界上最大的咸水湖。石油、天然气是这个地区最重要的资源。

里　海（土库曼斯坦、哈萨克斯坦、俄罗斯、阿塞拜疆、伊朗）

里海，位于亚欧大陆腹部，亚洲与欧洲之间，东、北、西三面湖岸分属土库曼斯坦共和国、哈萨克斯坦共和国、俄罗斯联邦和阿塞拜疆共和国，南岸在伊朗境内，是世界上最大的湖泊，也是世界上最大的咸水湖，属海迹湖。

里　海

里海的南面和西南面被厄尔布尔士山脉和高加索山脉所环抱，其他几面是低平的平原和低地。里海南北狭长，形状略似“S”型，南北长约1200千米，是世界最长及唯一长度在千千米以上的湖泊。东西平均宽约320千米，湖岸线长约7000千米，面积371000平方千米，大小几乎与波罗的海相当，规模为亚速海的10倍，相当全世界湖泊总面积（270万平方千米）的14%，比著名的北美五大湖面积总和（24.5万平方千米）还大出51%。湖水总容积为76000立方千米。里海的水面低于外洋海面 28 米，湖水平均深度约 180 米。里海的湖底深度不同，北浅南深，湖底自北向南倾斜。

里海是一个地地道道的内陆湖，那为什么又被称为“海”呢？从里海的自然特点来看，里海水域辽阔，烟波浩淼，一望无垠，经常出现狂风恶浪，犹如大海翻滚的波涛。同时，里海的水是咸的，有许多水生动植物也和海洋生物差不多。另外，从里海的形成原因来看，里海与咸海、地中海、黑海、亚速海等，原来都是古地中海的一部分，经过海陆演变，古地中海逐渐缩小，上述各海也多次改变它们的轮廓、面积和深度。所以，今天的里海是古地中海残存的一部分，地理学家称之为“海迹湖”。因此，人们就把这个世界上最大的湖称为“里海”了。其实，它并不是真正的海。里海有曼格什拉克、哈萨克、土库曼、克拉斯诺沃茨克等海湾。

里海整个海区可分为北、中、南三部分，其间被许多岛屿和浅滩隔

里海风光

开。北里海，岸坡平缓，水很浅，仅 4 米～8 米，最深也只有 25 米；海底为波痕状沉积平原，水量只占总水量的 1%。中里海，依大高加索山脉的岸线多陡坡，东岸濒临曼格什拉克高原，较为险峻。底部，东为陆架，西为杰尔宾特海盆，深达 790 米；水量约占里海的 1/3。南里海，海岸低平，东西陆架较宽，往西为洼地，是里海最深的地方，水量较大，约占全里海的 2/3。海底沉积物，北里海多含贝壳和砂；中里海洼地多泥和砂质泥，东西两岸近海则多贝壳、砾石砂和粘泥；南里海深水区为泥和含有薄层硫化铁的粘泥，东西两岸边缘区为砂、灰质泥、贝壳和砾石。

里海有 50 个岛屿，多为小岛。西北部的车臣岛最大，其次有秋列尼岛、莫尔斯科依岛、库拉雷岛、日洛依岛和奥古尔钦斯基岛。

里海北部海岸低平，具有大量被乌拉河、捷列克河、特别是窝瓦河冲刷下来的冲积物质。中部西岸多丘陵。大高加索山脉的山麓看似切近，但却被狭窄的海滨平原将其与海岸分隔开来。阿普歇伦半岛在那里伸入海中，巴库市坐落在半岛上，而就在其南面，库拉河与阿拉斯河的泛滥将平原构成阿拉斯低地。里海西南岸和南岸是由兰卡兰和吉兰－马赞达兰低地的沉积物形成的，塔利什山脉和厄尔布尔士山脉的高峰在内陆不远处耸立。里海南部东岸亦低且不太陡峭，由波浪活动造成的沉积物形成；其被低矮的、多丘陵的切列肯半岛和土库曼巴希半岛猝然打断。中部东岸大部地方陡峭，海摧毁了石灰岩的曼格什拉克高原和肯德尔利－卡亚桑高原的边缘。这一地区最重要的特征是卡拉博加兹戈尔湾，原为里海的一海湾，但现在如大潟湖似的形成港湾。

这里的主要河流窝瓦河、乌拉河与捷列克河，注入里海北部，它们合在一起的年水量达注入里海的所有河水的 88%。苏拉克河、萨穆尔河、库拉河及一些较小的河流从西海岸注入，提供 7%左右的水量，其余水量来自伊朗海岸的河流。东部沿海地区则完全没有常流河。

里海北部位于温大陆性气候带，而整个里海中部（及南部大部海区）则位于温热带。西南部受副热带气候影响，东海岸以沙漠气候为主，从而造成多变的气候。大气环流冬季以寒冷、明净的亚洲反气旋为主，而在夏季亚速群岛高压分支和南亚低压中心发生影响。狂烈的风暴与北风和东南风有关。

夏季气温分布相当均衡：7～8月平均气温为24℃～26℃；在太阳炙烤的东海岸，绝对最高温度为44℃，但冬季气温北部为－10℃，南部为10℃。海上年平均降雨量为200～1700毫米，东部降雨量最小，西南部降雨量最大。大多降于冬季和春季。海面蒸发量很高，达一年1000公厘。结冰影响里海北部，通常至1月份完全封冻，在很冷的年代，沿西海岸漂浮的冰可南达阿普歇伦半岛地区。

里海研究较吸引人的方面为依据考古、地理和历史方面的证据再现许多世纪中的长期水位变动。里海水位变动幅度似乎从公元前1世纪以来至少达到7米。它们长期变动的主要因素是决定水的补给（河流注入与降水）和损失（蒸发与流往卡拉博加兹戈尔湾）之间平衡的气候条件。在20世纪最初30年间，里海海面低于海平面近26米，1977年降为29米。这是过去400～500年间观察到的最低海面。在上世纪90年代初，里海海面低于海平面27米。水位降低，是由于气候变化减少河流注入而增加了蒸发，而窝瓦河上建设水库加重了这一情况，也由于灌溉和工业对河水的消耗。近年来的水位上升，也与导致窝瓦河注入量增加的气候因素有关，该河若干年来的注入量一直大大高于平均值。海面降水增加和蒸发减少也促成这一现象。1980年，前苏联水文学家在里海与潟湖之间构筑沙障，以阻止海水流入卡拉博加兹戈尔湾。计划者们已经认真地注意到稳定里海水位的其他措施的可能性。

里海，其平均盐度约为12.8%，但在窝瓦河口仅为1%，而在蒸发强烈的卡拉博加兹戈尔湾却高达200%。在公海，盐度分布明显一致，从海面至海底仅增加0.1%～0.2%。

里海海流基本沿西海岸从北向南运动，在远南发展为复杂模式，

里海地图

形成数股支流。海流在与强风相合之处可以加速，海面往往波涛汹涌。在阿普歇伦半岛附近，风暴掀起的最大波浪高过9米。

里海海生物，约有850种动物和500多种植物。尽管对于如此浩阔的水体而言生物种类数量较低，其中许多物种却是其特有的。蓝绿藻和矽藻构成生物量最大的集团，还有数种红藻与褐藻。动物——一直受到盐度变化的极大影响——包括鲟、鲱、狗鱼、鲈和西鲱鱼，数种软体动物，以及包括海绵在内的其他各种微生物。约15种北冰洋型（如里海海豹）和地中海型物种充实了动物种类。

里海长期以来一直以鲟著称，产量约占世界渔获量的4/5。在水位下降和随之而来的条件最有利的产卵场干涸的长时期内，鲟数量锐减。已经采取一些包括禁止在公海捕鲟及推行水产养殖在内的措施，以图改善这一状况。海豹业在北部海域得到发展。

石油和天然气是里海地区最重要的资源。它的开发始于1920年代，自从第二次世界大战结束以来得到相当发展。现在采用钻井平台和人工岛开采海底石油。里海地区石油资源丰富，两岸的巴库和东岸的曼格什拉克半岛地区，以及里海的湖底，是重要的石油产区。里海湖底的石油生产，已扩展到离岸数十千米的水域。里海生物资源丰富，既有鲟鱼、鲑鱼、银汗鱼等各种鱼类繁衍，也有海豹等海兽栖息。里海含盐量高，盛产食盐和芒硝。从卡拉博加兹戈尔湾提取硫酸钠一类矿物也具有相当重要的经济意义。

里海在交通运输方面占举足轻重地位；石油、木材、粮食、棉花、水稻和硫酸盐等是被运输的基本货物，而阿斯特拉罕、巴库、马哈奇卡拉、土库曼巴希和谢甫琴科是最重要的港口。在巴库与土库曼巴希之间，铁路货运直接轮渡，无须装卸。

前苏联解体后，在里海地区不断发现大规模的油气田。根据有关报道称，这一地区有可能继海湾地区成为21世纪世界能源主要供应地之一。

贝加尔湖，世界上容量最大、最深的淡水湖，是大自然赐给人类的一颗璀璨明珠。

贝加尔湖（俄罗斯）

贝加尔湖，是世界上容量最大、最深的淡水湖，也是亚欧大陆最大的淡水湖，是英文“baykal”一词的音译，俄语称之为“baukaji”源出蒙古语，是由“saii”（富饶的）加“kyji”（湖泊）转化而来，大约有25～30百万年的历史。贝加尔湖意为“富饶的湖泊”，因湖中盛产多种鱼类而得名。根据布里亚特人的传说，贝加尔湖称为“贝加尔达拉伊”意为“自然的海”。论面积，贝加尔湖在世界湖泊中只占第八位，不如非洲的维多利亚湖和美洲大湖；但若论湖水之深、之洁净，贝加尔湖则无与伦比。

贝加尔湖是世界上最深的湖泊，最深处达1620米。长636千米，平均宽48千米，面积31500平方千米。湖水容量23000立方千米，约占地球表面淡水总容量的1/5。贝加尔湖有336条大小溪河注入，最大的是色楞格河、巴尔古津河、上安加拉河、图尔卡河和斯涅日纳雅河。

贝加尔湖湖水澄澈清冽，且稳定透明（透明度达40.8米），为世界第二。在贝加尔湖周围，总共有大小数百条河流注入湖中，而从湖中流出的则仅有安加拉河，年均流量仅为1870立方米/秒。湖水注入安加拉河的地方，宽约1000米以上，白浪滔天。

贝加尔湖呈长椭圆形，似一镰弯月镶嵌在西伯利亚南缘，所以又有“月亮湖”之称。其景色奇丽，令人流连忘返。俄国大作家契诃夫曾描写道：“湖水清澈透明，透过水面就像透过空气一样，一切都历历在目，

贝加尔湖

温柔碧绿的水色令人赏心悦目”。在众多的俄罗斯自然景观中第一批被列入联合国教科文组织世界文化遗产名单。1996 年被列入世界文化遗产名录。

贝加尔湖是世界最古老的湖泊之一，大约形成于 2500 万年前。最早生活在湖边的居民是什么人，现在无从探究。后人只能从他们留下的壁画等物来了解他们的生活方式。在湖岸的萨甘扎巴悬崖壁上刻着天鹅、鹿、狩猎台、跳舞的巫师等图画，这些图画在 1881 年被发现。另外，在湖岸上，沿着路边还建有许多石祭台。这些图画和祭台可能是早期居民的生活见证。

千百年来，我国历史上一直流传着“苏武牧羊”的佳话。苏武牧羊的“北海”并非大海，而是今天的贝加尔湖。我国汉代称之为“柏海”，元代称之为“菊海”，18世纪初的《异域录》称之为“柏海儿湖”，《大清一统志》称为“白哈儿湖”。蒙古人称之为“达赖诺尔”，意为“圣海”，早期沙俄殖民者亦称之为“圣海”。

贝加尔湖是个宝湖，其中的湖水就是宝。贝加尔湖储存了世界淡水资源的20%，仅这一湖淡水就价值连城。贝加尔湖被誉为“世界之井”，不仅水量丰富，而且水质上乘，可以直接饮用，贝加尔湖特产的“清洁工”，端足类虾每天可以把湖面以下50米深的湖水过滤七八次，所以湖水相当“纯净”。

湖中盛产稀有生物物种，如味道最鲜美的秋白鲑、讨人喜爱的环斑海豹等等。且湖底蕴藏着丰富的资源。据考察，贝加尔湖湖底埋藏着丰富的贵金属矿。不仅如此，还在湖底罕见地发现了冻结的沼气和天然气。

贝加尔湖周围地区的冬季气温，平均为－38℃，确实很冷，不过每年1～5月，湖面封冻，放出潜热，已减轻了冬季的酷寒；夏季湖水解冻，大量吸热，降低了炎热程度，因而有人说，贝加尔湖是一个天然双向的巨型“空调机”，对湖滨地区的气候起着调节作用。一年之中，尽管贝加尔湖面有5个月结起60厘米厚的冰，但阳光却能够透过冰层，将热能输入湖中形成“温室效应”，使冬季湖水接近夏天水温，有利于浮游生物繁殖，从而直接或间接为其他各类水生动物提供食物，促进它们的发育生长。据水下自动测温计测定，冬季贝加尔湖的底部水温至少有－4.4℃，比湖的表面水温高。贝加尔湖可调节湖滨的大陆性气候。

贝加尔湖和它的汇水区是世界上一个独特的地质体系。贝加尔湖位于西伯利亚东部中心地区，接近亚洲的地理中心。贝加尔湖的山谷洼地是西伯利亚地区重要的自然屏障。这一自然屏障将不同的动植物区分开，在这里生长着许多独特的生物群落。

贝加尔湖沿岸生长着松、云杉、白桦和白杨等组成的密林，科考队员乘直升机从空中看到，这里河汊纵横，植物生长茂盛，覆盖度高。除距河口较远的上游区域有一些牧场外，当地基本保持了自然状态。贝加尔湖的植物种类达600多种，其中3/4是贝加尔湖特有的品种。贝加尔湖西岸是针叶林覆盖的连绵不断的群山，有很多悬崖峭壁；东岸多为平原。由于两岸气候的差异，自然景观也就迥然不同。

科学家们经过研究发现，贝加尔湖有变成“海”的趋势。首先，湖底有洞穴和裂缝，地底热气从这些洞穴和裂缝中不断泄出，以致附近的水温增到10℃，此种“水底温泉”仅海洋中才有。其次，贝加尔湖中生长有海绵、海豹、菌类、海螺、寄生虫、龙虾、蜗牛等海洋生物。科学家还发现贝加尔湖中湖水的“循环”周期（即从湖面至湖底之间的循环）耗时约8年，缓慢异常。但关于贝加尔湖是湖还是海，尚无定论，学者们也一直在致力研究。

贝加尔湖地区阳光充沛，雨量稀少，冬暖夏凉，有矿泉300多处，是俄罗斯东部地区最大的疗养中心和旅游胜地。西伯利亚第二条大铁路——贝阿大铁路，西起贝加尔的乌斯季库特，东抵阿穆尔的共青城。铁

贝加尔湖卫星图

路沿湖东行，沿途峭壁高耸，怪石林立，穿行隧道约50处，时而飞渡天桥，时而穿峰过峡，奇险而壮美。

贝加尔湖大量的温水海湾和异域风情的奥利洪岛吸引大量游客到这里来旅游参观。再加上这里相对适宜的气候、美丽的风景、大量的自然和考古古迹、不同种类的生物群、清新的空气、原生态环境以及独特的休闲资源使得贝加尔湖拥有超高的旅游休闲潜力。奥利洪岛是6～10世纪古文化的最大文化中心，被认为是萨满教的宗教中心。这里的民族传统、习俗以及独特的民族特征都被完整地保存了下来。

贝加尔湖民俗博物馆位于贝加尔湖的东岸，离湖边60千米，驱车可前往。民俗博物馆坐落在一片林中空地上，露天式。馆内有许多东方游牧民族的生活用品及设施：埃文基人的兽皮、桦皮帐篷，布里亚特贫民的蒙古包，俄罗斯古布里亚特民族的木制小屋，以及草棚、粮仓、澡堂、鸡舍等。加上居民别具风情的民族服装、服饰、佩挂精美鞍具的骏马，这一切在大森林的衬托下，俨然一幅美丽的天然风景画。乌兰乌德其他旅游参观点还有喇嘛教堂，自然博物馆等。

贝加尔湖脾气暴躁，经常掀翻船只。自有记载以来，贝加尔湖的历史就是一部沉船史。据有关报道称："1702年9月14日，风暴掀翻了往乌索利耶送钱款的大舢板；1890年，"沙皇皇储"号汽船在暴风雨中沉入湖底；1903年8月9日，龙卷风一天之内向湖神"进献"了40艘驳船。"除风浪外，贝加尔湖面冬季的冰也是隐形杀手。

近些年来沿岸工业的发展，特别是南岸工厂尘烟的撒落，湖水受到污染。俄罗斯政府已经采取了一系列措施保护贝加尔湖的水。由于贝加尔湖具有得天独厚的自然条件，俄罗斯专门在这里建立了"贝加尔湖自然保护区"。

本篇简介 Benpian jianjie　奥涅加湖，欧洲第二大湖，通过运河与白湾、波罗的海相连，有重要的航运价值。

奥涅加湖（俄罗斯）

奥涅加湖位于俄罗斯西北部，大部分位于卡累利阿共和国境内，南部在列宁格勒州和沃洛格达州境内，属冰川构造湖。湖盆从西北向东南延伸250千米，最宽处91.6千米，面积9700平方千米，为欧洲第二大湖。湖面海拔33米。北和西北岸是由花岗岩等构成的曲折岩岸，多深入陆地的湖湾；南和东南岸是平直的沙岸，多湖滩。湖盆南浅北深，平

奥涅加湖

均水深30米，最大深度120米，水体积292立方千米。湖岛众多，计有1369个，总面积250平方千米。在该湖的年水量平衡中，约3/4水量来自舒亚、沃德拉等58条河流，约1/4为降水；84%水量经斯维里河排出，其余蒸发。湖面水位7～8月最高，3～4月最低，水位平均年变幅0.5米，最大可达1.9米。湖区属亚寒带大陆性气候，冬季寒冷，湖水有4～5个月的结冰期。湖内盛产多种鱼类。人们在斯维里河上筑坝，建有上斯维里水电站；开凿水道，把奥涅加湖与白海—波罗的海运河、伏尔加—波罗的海运河相连，使之具有重要航运价值。湖岸有彼得罗扎沃茨克、孔多波加、梅德韦日耶戈尔斯克等城市。

拉多加湖，欧洲最大的湖泊，地处俄罗斯欧洲部分的西北部，是世界第十五大湖泊。

拉多加湖（俄罗斯）

拉多加湖位于俄罗斯西北部卡累利阿共和国和列宁格勒州之间，是欧洲最大的淡水湖泊，也是世界第 15 大湖泊。

拉多加湖，旧称涅瓦湖。在俄罗斯欧洲部分西北部。湖面海拔

拉多加湖流经的城市

拉多加湖风光

5 米，湖长 219 千米，平均宽 83 千米，面积 1.8 万平方千米。湖水南浅北深，平均深 51 米，北部最深处 230 米，湖水容积 908 立方千米，系构造湖。北岸大多高岩岸，有许多深邃的小峡湾，湖岸曲折。南岸低平，多沙嘴和浅滩。拉多加湖有沃尔霍夫、斯维里和武奥克萨等河注入。西南有涅瓦河流出，通波罗的海。湖中风浪大，不利于航运。南岸建有环湖的新拉多加运河，为沟通白海－波罗的海及伏尔加河－波罗的海的重要航道。

拉多加湖流域总面积 259000 平方千米。约有 571 个小湖和 3500 条长 10 千米以上的河流。最大的是南面的沃尔霍夫河、东南的斯维里河、西面的武奥克萨河。约 85％水源来自支流，13％来自雨水，剩下的 2％是地下水。湖中约有小岛 660 个，总占地面积 456 平方千米。

湖区属温寒气候，平均年降水量 610 公厘。6、7 月水位最高，

12月和1月水位最低，平均年落差约0.8米。最多可相差约3米。沿岸地区12月开始结冰，湖中间1月或2月开始结冰，冰层厚度平均为50厘米～60厘米，最厚可达88.9厘米～99厘米。大部分3、4月开始解冻，但北部迟至5月始解冻。其属淡水湖，渔产丰富，主要有鲑、鳟、白鱼和鲈等。

拉多加湖是窝瓦河－波罗的海和波罗的海－白海水路运输系统中的一个组成部分，经此可以沟通俄罗斯到芬兰和德国等的水运。第二次世界大战时，在列宁格勒（圣彼得堡）被围期间（1941年9月～1943年3月），拉多加湖成为交通运输的生命线，军事补给品的供应、伤病员的撤离，都取道拉多加湖。沿湖有普里济奥尔斯克、利什斯谢尔堡及索尔塔瓦拉等城市。

拉多加湖主要的支流有：司维尔河，流出奥涅加湖（东南，流量：790立方米/秒）、沃尔霍夫河，流出伊尔门湖（南，流量：580立方米/秒）、武克希河，流出芬兰塞马湖（西，流量：540立方米/秒）、夏斯河（南，流量：53立方米/秒）。

本篇简介

Benpian jianjie

巴尔喀什湖，在世界内陆湖泊中是一种十分罕见的湖泊，近年来，受到“灭湖”的威胁。现已受到有关部门的关注。

巴尔喀什湖（哈萨克斯坦）

巴尔喀什湖位于哈萨克东部。海拔342米，东西长605千米，最宽处74千米。面积18000～19000平方千米，随水位高低而变化。萨雷姆瑟克半岛从南岸伸向北岸，把湖面分为两个水域，西半部广而浅，东半部窄且深。西湖宽27千米～74千米，水深不超过11米，东湖宽10千米～19千米，水深达26米。

伊犁河从南面注入湖的西半部，占总流入水量80%～90%，直至20世纪末一项水电计划后，减少了河水流入的水量。20世纪30年代起在湖中养鱼，发展渔业，湖上有货轮来往。炼铜厂建立后，巴尔喀什城

巴尔喀什湖

在湖北岸兴起。南岸伊犁河下游农牧业（种植水稻、养牛）发达。1970年伊犁河上建成卡普恰盖水力发电站。水库蓄水后，1970～1987年巴尔喀什湖的水位降了2.2米。湖水也日益盐化，并遭到沿岸存放燃料库外泄以及采铜和加工之污染。整个湖区属温带干旱、半干旱气候，年平均水温西部为10℃，东部为9℃，年降水量约430毫米，年均降水量120毫米，11月底到4月初湖面冻结。湖区是哈萨克斯坦旅游疗养地。东西两端湖滨有铁路干线通过。湖沿岸蕴藏有铜矿和铁矿。

巴尔喀什湖位于亚洲中部，是一个内陆冰川堰塞湖。流经中国新疆的伊犁河，接纳了大量的来自天山的冰雪融水注入巴尔喀什湖西部，占总入水量的75％～80％，而湖东部因缺少河流注入，加之湖区气候干旱，远离海洋，湖水大量蒸发而使湖水含盐量增多，因而形成了西淡东咸的一湖两水现象。而产生这一罕见奇特现象的原因得从巴尔喀什湖所处的地理位置来看，该湖地处中亚心腹地带，气候极度干燥，降水稀少，蒸发旺盛，本应形成内陆咸水湖泊。但是，巴尔喀什湖有其特殊之处。其一，在湖泊西半部，发源于天山山脉的伊犁河自东而西注入该湖。伊犁河源远流长，水量较大，构成巴尔喀什湖主要水源，平均含盐量仅有1.48‰。而湖泊东半部仅有湖东岸的巴尔喀什湖盆地与阿拉湖盆地接壤处；北岸同哈萨克丘陵毗连，是岩石高地，有古代阶地的痕迹；南岸是低凹的沙地，芦苇丛生，中多小湖沼，经常被湖水淹没，日益沙漠化。因没有大河注入，其蒸发量大大超过河水补给的数量，平均含盐量也达到10.42‰。这是造成巴尔喀什湖东西两半部咸淡明显不同的根本原因。其二，巴尔喀什湖是一个东西狭长的湖泊。从地图上量算，东西长约600千米，南北最窄处只有十几千米。这就影响湖水水体的交换，东部的咸水和西部的淡水间无法很好的相互交流。这是巴尔喀什湖水东西两半部不同的又一个原因。因此，巴尔喀什湖在世界内陆湖泊中是一种十分罕见的湖泊。

巴尔喀什湖区地层多碳酸盐沉积，动物繁多，特别在芦苇丛中有大量鸥、野鸭和鸬鹚，此外多天鹅、鹈鹕、雉和鹧鸪。野兽有野猪、狼、狐狸和野兔等。湖中有20种鱼类，有6种是这里的特产，其余是人工养殖的，包括鲤、鲈、鳊、鲟、狗鱼、弓鱼等。由于湖水污染，鱼数量减少，现在大部分的鱼类已禁止捕捞。

巴尔喀什湖是世界上极少数有咸淡湖水分别占半的湖。因为湖东西两部分有湖峡水道相连，所以在定义上是一个湖。

随着中亚地区和中国新疆的工业和农业和城市化发展，中亚地区的用水量日增。包括咸海和巴尔喀什湖都严重受到“灭湖”的威胁。巴尔喀什湖湖水还受到了哈萨克斯坦的工业严重污染。现已受到哈国有关部门的关注。

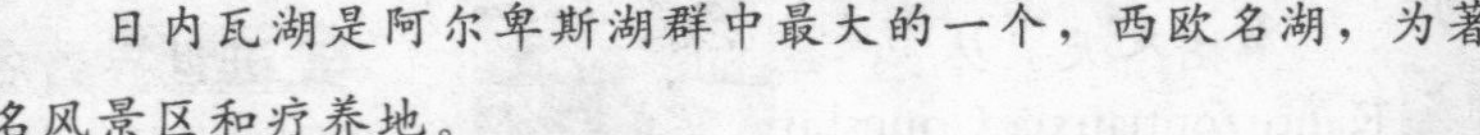

本篇简介 Benpian Bjianjie

日内瓦湖是阿尔卑斯湖群中最大的一个，西欧名湖，为著名风景区和疗养地。

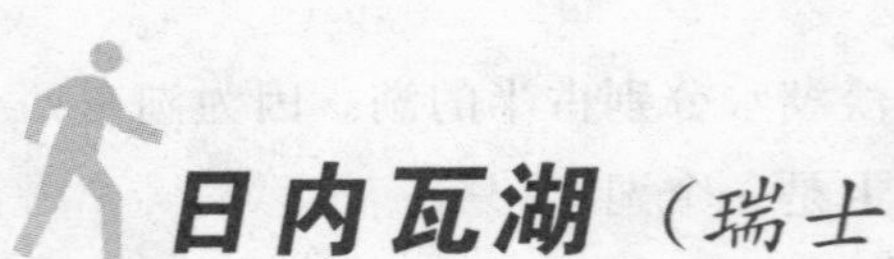

日内瓦湖（瑞士）

日内瓦湖又名莱蒙湖，是西欧名湖，为著名风景区和疗养地。日内瓦湖是阿尔卑斯湖群中最大的一个。湖面面积约为580平方千米，在瑞士境内占362平方千米，法国境内占217平方千米，海拔375米，长74

日内瓦湖一景

日内瓦冬日风光

平米。湖面最宽处为13.6玉米，湖水最深处310米。湖水流向由东向西，湖形状略似新月，月缺部分与法国衔接，是阿尔卑斯山区最大湖泊，湖水涟涟，烟霞万顷，湖面似镜，水不扬波，终年不冻，湖畔和毗邻地域，气候温和，温差变化极小，建有许多游览胜地。湖南是白雪皑皑风光秀丽的山峦，山北广布牧场和葡萄园。湖水清澈湛蓝而驰名世界。

日内瓦湖是一个冰碛湖。据说发源于第四纪冰期，阿尔卑斯山的罗纳河在埃克吕泽地区被冰碛物质所阻断，因此汇水成湖。当时，湖面一直上升到海拔425米。后来，罗纳河得到了新的出口，湖水才逐渐下降。现在，共有41条河、299个冰川的融水注入日内瓦湖，其中最大的河是罗纳河，它以180立方米/秒的流量从湖的最东部流入，又从日内瓦湖中流出。由于罗纳河发源于阿尔卑斯山，水从山中流出，流势湍急，夹带有不少泥沙，据估计，它每年带入日内瓦湖的泥沙约有400万吨。因此有人说，罗纳河促成了日内瓦湖，但却又在不断地填塞它。

日内瓦湖中，最引人注目的是一个巨大的人工喷泉，那冲天而起的高大水柱，从湖面直射天际，蔚为壮观。这个人工喷泉最初是1891年建成，当时所喷射的高度只有90米。1958年改建后至今。它的动力是两组安装在水下的水泵，总重为16吨，由每分钟达1500转的500千瓦2400伏的发动机带动。每个水泵的功率为1360匹马力，喷泉的流量为500公升/秒，喷口处的水速达每小时200千米，进入喷水管中的水的压力为16个大气压，水柱的高度在无风时可达140米，停留在空中的水量达7吨之多。水从喷嘴喷出达到顶峰再回到水面，每个回合为16秒。泉水喷至高空又变成四溅的云雾，阳光照射，呈一若隐若现的彩虹；微风吹拂，水雾飘忽，又像一幅薄羽轻纱。

日内瓦湖的人工喷泉

自古以来，许多名作家、大诗人都赞美、讴歌过日内瓦湖的美丽，亨利·詹姆斯称它是“出奇的蓝色的湖”；拜伦则把它比喻成一面晶莹的镜子，“有着沉思所需要的养料和空气”；巴尔扎克则把它说成是“爱情的同义词”。今日，在港湾两边绿树掩映之间建起的一栋栋漂亮的别墅和豪宅，又给日内瓦湖增添了几分秀色。

驻足日内瓦湖畔，总能看到天鹅和水禽搏戏水上，游艇和彩帆游弋湖中。群群白鸽在湖畔徜徉，和平宁静。入夜后，两岸无数霓虹灯映照在湖面上，使湖水大放异彩，一些豪华游船上常常举办音乐会或舞会，乐声与波声组成一支绝妙的交响曲，别有一番风趣。日内瓦湖以勃朗峰桥为中心，沿湖公园四布，如激流公园、玫瑰公园、珍珠公园、英国花园、植物园，还有湖畔的花钟。湖滨别墅连绵，红墙碧瓦掩映在绿荫丛中。花木扶疏，水色澄碧，素被视为人间胜境。

日内瓦是瑞士第三大城市，位于日内瓦湖西南角，湖上的大喷泉是日内瓦的象征。日内瓦湖光山色四季皆具吸引力，它同时是世界各国际机构云集的国际化城市。日内瓦以其深厚的人道主义传统，多彩多姿的文化活动、重大的会议和展览会、令人垂涎的美食、清新的市郊风景及众多的游览项目和体育设施而著称于世。日内瓦也是世界著名的钟表之都，钟表业与银行业成为日内瓦的两大经济支柱。

本篇简介 Benpian jianjie

维纳恩湖，北欧最大的湖泊，也是欧洲的第三大湖，是约塔运河的重要组成部分。

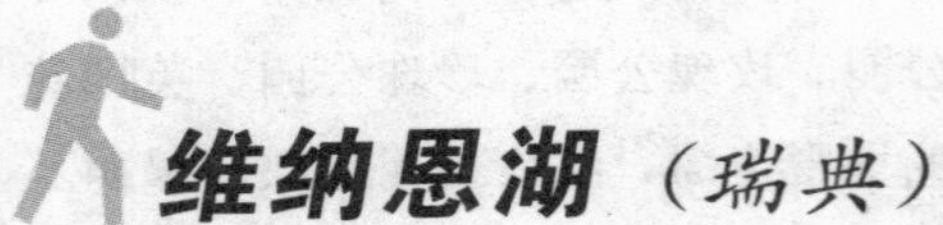

维纳恩湖（瑞典）

维纳恩湖，北欧最大的湖泊，也是欧洲第三大湖，世界第 28 大湖。位于瑞典南部，维纳什堡和卡尔斯塔德之间。呈东北—西南向延伸，长 145 千米，宽 80 千米，湖面海拔 44 米，最深 97 米，面积约 5550 平方千米。湖水经约塔河向西南泄出。湖的南部叫“达尔勃申湖”，是约塔

维纳恩湖

运河的组成部分。

该湖接纳众多河流，其中最大的是克拉尔河，湖水流经约塔河往西注入卡特加特海峡，约塔河是水力发电的主要资源。除南岸外，湖滨四周多岩石和树林，南岸低平，有利于耕作。

该湖是构成约塔运河的主要环节，约塔运河是横贯瑞典的水道，起自西海岸哥特堡直至东海岸的斯德哥尔摩。对特罗尔赫泰运河进行的改造工程使远洋船舶能从卡特加特海峡进入维纳恩湖直达下列沿湖港口：卡尔斯塔德、利德雪平、维纳什堡、克里斯蒂娜港、奥莫尔、赛夫勒、玛丽斯塔德等。这些城镇均有重要工业，诸如制革厂、铁制品厂、造纸厂等。

本篇简介 Benpian jianjie 加尔达湖是意大利最大最干净的湖，在这里水光与山色完全交融在一起，让人体味至真至美的大自然。

加尔达湖（意大利）

加尔达湖位于意大利北部，与伦巴第、特伦蒂诺—上阿迪杰和威尼托三个地区相邻。该湖分属 4 个省—— 布雷西亚、特伦、维罗纳和曼图亚；其中，距离维罗纳大约 30 千米，而距离布雷西亚也是 30 千米。它是意大利第一大湖，面积为 368 平方千米，周长为 162 千米，深 346 米，长 51.6 千米，宽 17.5 千米。其最大补给河流是萨卡河，明乔河是它唯一的外泄河。在阿尔卑斯山地区，只有日内瓦湖和康斯坦茨湖的面积超过它。

加尔达湖气候温和宜人，水温不冷不热。5 月和 9 月之间，在这里游泳会让您倍感惬意。这里有洒满阳光的岸滩，有设施完备的码头，还有成片的棕榈树、夹竹桃树、橄榄树和葡萄树。地中海风情与群山美景融为一体，让人体味到至美至纯的大自

意大利最干净的湖

然。东边有巴度山的山脊，北边是作为其背景的特伦蒂诺山脉的 Brenta Dolomite 山峰，这些山脊和山峰的岩石和峭壁倒映在水里，水光与山色完全交融在了一起。加尔达湖将历史的足迹揉进了田园和自然风光之中：湖岸上点缀着古老的村庄、城堡、修道院以及到处都有纪念碑和有趣的博物馆的普通村庄。其中较为重要的有瓦尔特内西的史前村落，雄伟的古罗马遗址西尔苗内、Desenzano 和 Toscolano，曾经统治这块高地的中世纪城堡，至今仍被人朝拜的避难所，以及用于防守罗马教港口的维罗纳要塞。此外，这里还有带精美花园的新古典主义私人建筑、从 20 世纪初开始一直吸引大量国际游客乘喷气机前来参观的新艺术建筑风格“假期驿站”，以及邓楠遮曾经居住过的位于加尔多内湖岸的 Vittoriale。

该湖的西南岸位于布雷西亚省境内，包括从西尔苗内一直到 Limone 一带——即从考古学上的罗马遗址 Sirmio，经过加尔多内湖岸的自由酒店，再到 Bogliaco、Campione 和 Limone 的船坞。此地是水手和冲浪运动员所钟爱的地方。这里有各种各样迷人的景点（低潮时的宽阔岸滩，瓦尔特内西生长着葡萄树和橄榄树的小山，随处可见的城堡，位于马内巴和萨罗的水湾，西 Gardesana 的峭壁）以及老式旅店。比如，在著名的西尔苗内温泉洗浴中心有北意大利最主要的考古遗址；Scaligero 城堡是迷人的历史名胜；Desenzano 有着典型的港口和古罗马别墅遗址；萨罗有深深的水湾，1943 到 1945 年间是意大利社会共和国部分部门总部所在地（由于这个原因，意大利社会共和国的一些地方曾被不恰当地称为“萨罗的”）；加尔多内湖岸有神奇的新艺术主义形式的 Vittoriale，这里曾经是邓楠遮的家；Hruska Botanic 花园生长着 2000 多种植物；Limone 因其生产柠檬的历史而得名，并且现在仍有一大片令人惊叹的柠檬果园。

在北部的特伦蒂诺湖岸，山水相邻，地势更为崎岖。因为这里经常刮大风，所以便成了帆船运动和冲浪运动的场所。主要的旅游区域是

Riva del Garda 和 Torbole－Nago。在维罗纳省境内，从 Malcesine 到 Peschiera，湖岸地势趋缓，地中海风情也越来越浓。这里便是橄榄树里维埃拉，在 50 千米长的范围内，遍布设备齐全的岸滩和古老的堡垒，典型的乡村会举行运动会、各种活动和夏日娱乐项目。Gardaland 和其他主题公园就在此地。加尔达湖南边的盆地一直延伸到曼图亚省，但这里与湖相邻的区域内没有城镇。

据记载，第一个倾心于加尔达湖迷人风光的人是拉丁诗人 Catullo，他家在湖边的西尔苗内小镇上有一处别墅。从 Catullo 开始，加尔达湖便成为各个时期诗人和作家所向往的地方。但丁·阿里基里（他在《地狱》的第二十小节中描写了加尔达湖）、歌德、福斯科洛一直到拜伦和亨利·司汤达。还有其他一些诗人，如乔苏埃·卡尔杜奇（他喜欢 Moniga 生产的桃红葡萄酒），也为加尔达湖的迷人景色所倾倒；邓楠遮在位于加尔多的 Villa Cargnacco（即 Vittoriale）度过了他最后的 17 年。连詹姆斯·乔伊斯和庞德也都为这里的美景着迷；卡夫卡在 1909 到 1913 年之间曾居住在部岱森农和马尔切斯内。

加尔达湖的设施可以满足任何类型的度假需求。湖畔别具一格的乡村可以让那些寻找安静的度假者们远离喧嚣；充满生活气息的较大城镇适合那些更为活跃的人们；岸滩是携家带子玩耍的理想去处。此外，这里还有主题公园、水上公园和其他公园和自然保护区以及意大利最有名的一些夜总会。这里有各种类型的运动场所、冲浪学校和温泉（Lazise 的西尔苗内温泉和温泉公园很有名）。人们依托加尔达湖及其周围的景致修建了一座理想的体育馆，这座体育馆拔“水”而起，高度达 2000 米。您可以在这里尝试任何运动：有适合游泳的水池、有适合帆船运动的风力、有适合骑三地车或借助冰镐爬山的山脉、有适合长途旅行或赛马的道路、有适合滑翔机滑翔的高原、有适合免费登山的悬崖峭壁、有适合漂流和 hydrobob 的山间溪流以及高尔夫球场等等。内地的山区是休闲散步、自行车赛或赛马的理想场所。

本篇简介 Benpian jianjie

基姆湖素有“巴伐利亚之海”之称，是德国巴伐利亚州最大的湖，湖水与周围山峦相融合，具有脱俗之美。

基姆湖（德国）

阿尔卑斯山脉有无数湖泊，有人曾形象地比喻说，就如同大镜子打破了，碎片散落于群山之中，晶莹发亮，而其中最大的就是基姆湖。

基姆湖位于阿尔卑斯山麓，靠近奥地利，是德国巴伐利亚州最大的湖，素有“巴伐利亚之海”的称号。湖区面积为 82 平方千米，平均水

基姆湖男人岛船码头

基姆湖新宫

深25.6米，最深处73.4米，产生于1.5万年前，是一个冰蚀湖。

基姆湖的美在于靠近山麓，湖区风景与周边山峦环境完全融合，不分彼此。由于近山而成，最宜夏天前往，租条电动船，任它轻轻飘荡——湖半周为阿尔卑斯所围，有奇峰高绝，有缓峰云绕，身畔水波盈盈，波下碎石清清，水草娆娆，阳光暖醉，心旷神飘……天气宜人之时，许多帆船爱好者在此荡舟。风轻动，湖面上白帆点点，的确是脱俗之美。

基姆湖是巴伐利亚州的旅游胜地之一，除湖光山色造就的美丽自然景观外，还有巴伐利亚的“童话国王”路德维希二世建造的“基姆湖新宫”。路德维希二世在德国历史上具有传奇般的色彩，他酷爱艺术，一生建造了众多城堡宫殿。他于1873年买下男人岛，5年后开始修建基姆湖宫，历时8年，耗资巨大，几乎掏空国库。宫殿正面是巴洛克式，有着比凡尔赛宫更为华丽的镜厅，后人形容此城堡是最善于模仿的复制品。可惜，路德维希二世只在基姆湖城堡住了一个星期就死了，结束了他最后一个神话美梦。

基姆湖中有 3 个岛，分别是男人岛、女人岛和至今无人居住的香草岛。最大的岛屿就是男人岛，因岛上有座“男人修道院”而得名。这个岛屿之所以闻名主要是因为路德维希二世在这里建造了一座宫殿，其风格仿效法国著名的凡尔赛宫。

女人岛因 782 年塔西罗三世公爵在岛上建造了一座女修道院而得名。修道院内有后期的罗马式壁画。此岛跟男人岛的感觉稍有不同，以清幽宁静的环境取胜，岛上还有一个风景如画的小渔村。观光客通常会沿着狭窄的小巷前往鲜花盛开的花园漫步，顺便品尝这里的特产——熏鱼片。

本篇简介 Benpian jianjie

匈牙利的巴拉顿湖是欧洲中部最大的湖泊，夜幕下的湖区夜景更是扑朔迷离。

巴拉顿湖（匈牙利）

匈牙利的巴拉顿湖是欧洲中部最大的湖泊。它位于布达佩斯西南约90千米处，包科尼山东南侧，是东北－西南走向断层形成的湖泊。巴拉顿湖以其诱人的湖光山色，成为世界闻名的匈牙利游览胜地。匈牙利人自豪地把巴拉顿湖称为“匈牙利海”。

巴拉顿湖

巴拉顿湖呈狭长条状，长为78千米，宽1.5至15千米，面积达596平方千米，平均水深为4米，最深处有11米。巴拉顿湖湖水浅，容积小，湖水靠佐洛河和北岸入湖河流补给和调节。每年的4、5月间水位最高，9、10月间由于气温偏高，蒸发量大，湖水水位最低。巴拉顿湖湖水沿东岸希欧渠流入多瑙河。北岸的蒂哈尼半岛深深地伸入湖心，几乎把湖面分割成两半。半岛高出水面约百米，岛上道路崎岖，古木参天，景色幽静秀丽。蒂哈尼半岛是巴拉顿湖上景色最美的地方，从半岛顶端可眺望湖区全貌。

湖水冬季封冻，冰厚20厘米～25厘米，最厚达75厘米。夏季湖区气温较高，东岸最高气温30℃～35℃，水温26℃～28℃，夜间水温高于气温，但水温昼夜相差很少超过2℃。湖中水产丰富，盛产鲤鱼。湖区气候宜人，湖水具有医疗价值，为夏季休养和沐浴胜地。沿岸观光游览城市有凯斯特海伊、希欧福克、巴拉顿菲赖德等。古老的蒂豪尼镇以博物馆和生物站吸引游客。20世纪70年代以来，在此兴建了大批水上运动场所和新式旅馆，游客每年超过200万人次。

巴拉顿湖北岸群山耸立，树木苍翠，犹如一道绿色屏障；湖区北部受断层作用，湖岸陡降3米～4米，南岸较宽广平坦，形成欧洲最长的水浅沙细的湖滨，是良好的天然浴场。夏天，成千上万的旅游者涌向这里，享受大自然给予的阳光和空气，巴拉顿湖水中含有大量矿盐，对人体大有裨益，湖水浮力又大，特别适于游泳。在景色秀丽的湖滨，建有许多饭店、疗养院和别墅等服务设施。这里也是湖上交通中心，船舶来往如梭，直升飞机也在这里起降。白天，人们可以在大型运动场上锻炼身体；晚上，可以到露天剧场去观赏文艺演出或看电影。夜幕降临时，五光十色的霓虹灯与湖水相映成趣，构成扑朔迷离的湖区夜景。

巴拉顿的地貌特征是经过2万年的地壳运动形成的，可以追溯到冰河时代。无数次的地震使得沉积的地表变成了一个个盆地，盆地中不断聚集的雨水逐渐形成了湖泊和沼泽。风、雨及冰雪不断的侵袭将盆地分割开来，最终大约在5000～7000年前形成了巴拉顿湖。据考证，巴拉顿湖的北岸有14座火山，几千年来正是不断喷涌而出的火山岩堆积形成了富有特色的地貌特征。时间在火山岩中凝固了，山边被一股股凝固的火山岩浆装饰成一个个巨大的“管风琴”。

每当风和日丽的时候，巴拉顿湖碧波荡漾、白帆点点、白鸥盘旋，好似一幅动人的海滨风景画。巴拉顿湖虽然没有大海那样的波涛汹涌，但湖上的气候有时也像大海一样变幻莫测。从大西洋来的西风气流能够越过山地直达湖面，使气温下降，产生暴风雨。原本风平浪静的巴拉顿湖顷刻间会风云骤起，雷电交加。此时，湖上又是现出另一番景象。

拉顿湖北岸的巴拉顿费尔德是一个历史悠久的疗养地。如今，这里已建成一座美丽的花园城市。在巴拉顿湖西岸不远处，还有一个名叫赫维斯的温泉湖，温泉水具有治疗多种疾病的功能。巴拉顿湖不仅自然风光优美，而且还有许多著名的古建筑。在湖岸南北，分布着古老的罗马式、哥特式和巴洛克式建筑。其中最华美的巴洛克式建筑是舒梅格教区教堂。现在，巴拉顿湖区已被辟为国家公园，也是举行水上运动比赛的场所。

巴拉顿高地国家公园被称为小巴拉顿，1993 年，它被列入国际野生水域名录。这里有巨大的沼泽地，共栖息着 230 种鸟类。在这里，游客可以看到既丰富多彩又充满祥和气氛的鸟类世界。

本篇简介
Benpian jianjie

维多利亚湖，是非洲最大的淡水湖，位于非洲的中东部，湖岸四周景观多变。

维多利亚湖（坦桑尼亚、乌干达）

维多利亚湖位于非洲中东部，是非洲最大的淡水湖。1860～1863年英国探险家约翰·汉宁·斯皮克和格兰特到此处调查尼罗河的源头时，以当时英国女王维多利亚的名字命名了该湖泊。

维多利亚湖是非洲最大的湖泊，也是尼罗河主要水库。该湖大部分

维多利亚湖

在坦桑尼亚和乌干达境内，为两国与肯尼亚的界湖。赤道横贯其北部，湖由凹陷盆地形成。湖面积69484平方千米，是仅次于北美苏必利尔湖的世界第二大淡水湖。湖域呈不规则四边形，除西岸外，湖岸线曲折多弯。南北最长337千米，最宽240千米，湖岸线长逾3220千米。该湖位于东、西裂谷间的大台地中央的一个浅洼地，海拔1134米，已知最大深度82米。湖中多岛群和暗礁，暗礁通常就在清澈的水面下。维多利亚湖有200多种鱼类，以吴郭鱼属最具经济价值。

湖岸四周景观多变。西南岸有90米高的悬崖，往西岸退为纸莎草与安巴奇树沼泽区，属卡盖拉河三角洲。北岸曲折多弯但平坦光秃，有一条狭长水道通卡韦朗多湾，该湾平均宽约25千米，向东延伸64千米到肯亚基苏木。乌干达的坎帕拉与恩德比位于北岸。东南角有斯皮克湾，西南角是艾敏帕夏湾。

由于在乌干达金贾的维多利亚尼罗河上兴建欧文瀑布水坝，使维多

维多利亚湖恣意飞翔的鸟

利亚湖水位逐渐提高的计划于1954年完成。这座水坝提供大量电力，并使该湖成为大水库。该湖区是非洲人口最稠密的地区之一，沿岸方圆80千米其内居住着数百万人，几乎全操班图语。湖上有当地的汽船来往通航。

维多利亚湖中多岛屿群和暗礁，岛屿面积近6000平方千米，其中以乌凯雷韦岛最大，高出湖面200米，岛上人口稠密，长满树木。该湖多优良港湾。集水面积约20万平方千米。这里常年有卡盖拉河、马拉河等众多河流注入其中，湖水唯一出口是北岸的维多利亚尼罗河，在那里形成里本瀑布，排水量每秒达600立方米，著名的尼罗河支流白尼罗河就发源于此。巨大的水体对沿湖地区的气候起显著调节作用，湖区多雷雨，并在大气下层盛行，在偏东气流的推动下影响湖西岸，使之成为东非著名多雨区。沿岸恩德培、基苏木、布科巴、姆万扎等湖港有航线联系。

关于维多利亚湖的最早记载来自往来非洲内地的阿拉伯商人。1160年，一张名为Al Adrisi的地图就明确标明了维多利亚湖的准确位置，并将其标为尼罗河的源头。

著名的英国传教士兼探险家大卫·利文斯敦后来在探险中偏向西方过多而误入了刚果河流域，因此未能证实斯皮克的发现。最终美国探险家亨利·莫顿·斯坦利确认了斯皮克的发现，并做了环湖考察。在湖的北岸他发现了利庞大瀑布。

目前，维多利亚湖的生态系统已逐渐恶化。自1950年起，尼罗河鲈鱼被引入湖中，原意是想增加湖区渔业的产出。但是这种鲈鱼给当地的生态系统造成了灾难性的影响——数百种当地特产物种自此灭绝。

原产于美洲热带的水葫芦被引进至维多利亚湖后。这些水生植物聚集而生，影响了交通、捕鱼、水力发电和生活饮水。1995年，90%的乌干达沿岸都被这种植物阻塞。由于机械和化学办法似乎都不起作用，人们只好培育一种以水葫芦为食的象鼻虫并放到湖内，最终取得了良好的效果。

维多利亚湖水产丰富，是非洲最大淡水鱼产区，年渔获量约12万吨，尤以非洲鲫鱼著名，众多渔村环湖分布，棉花、水稻、甘蔗、咖啡和香蕉广泛种植。湖区是非洲人口最稠密的地区之一。

自1900年起，维多利亚湖渡轮成为乌干达、坦桑尼亚和肯尼亚之间的重要交通工具。湖畔主要港口有Kisumu、Mwanza、Bukoba、Entebbe、Port Bell和Jinja。

本篇简介 Benpian Bjianjie

坦葛尼喀湖，风光绮丽，是良好的天然渔场和鸟类栖息地。

坦葛尼喀湖（坦桑尼亚、布隆迪、扎伊尔、赞比亚）

坦葛尼喀湖位于非洲南部，世界第二深水湖。坦葛尼喀湖，分属非洲四国：东岸大部分属于坦桑尼亚；东北端有一部分属布隆迪；西岸属扎伊尔；南岸属赞比亚。世界上第三大热带地区湖维多利亚湖有 350 种以上的鲷鱼，其中的 90％属于该湖的特有生物。

坦葛尼喀湖中至少有 300 种以上丽鱼科的鱼和 150 种非丽鱼科的鱼类。它们多数都生活在湖底。而鱼类最多的地方则是鲁库加河流出的

坦噶尼喀湖

河口，其中坦葛尼喀沙丁鱼至少有 2 到 6 种。而掠食性的食人鱼（和非洲维多利亚湖边的掠食性尼罗河食人鱼略有不同）就有 4 种。

此外，坦葛尼喀湖中有相当多特有种类的无脊椎软体动物，如螃蟹、水蛭、桡足类动物（如剑水蚤）等。

在风和日丽的时候，站在坦葛尼喀湖畔，湖面波光碧影，白帆片片，极目远眺，可以望见湖对岸连绵起伏的群山，依稀可以看到缕缕上升的炊烟，风光格外绮丽。落日西坠时，湖面浮光闪烁，人们可以欣赏湖上美丽的夕照。每逢周末，椰树婆娑的沙滩上出现五颜六色的遮阳伞，人们在湖边游泳、钓鱼、晒太阳，水上俱乐部的摩托快艇在宽阔而平静的湖面掀起一道道白色的浪花。湖中多鳄鱼和河马，周围有大象、羚羊、狮子、长颈鹿等非洲的特有动物。湖中鱼类和各种水鸟丰富，是良好的天然渔场和鸟类群集之地。

本篇简介 Benpian Bjianjie

马维拉湖是一个如同火焰般的湖泊，风光旖旎，集多种佳景于一身，被联合国教科文组织列入世界自然遗产名录中。

马拉维湖（马拉维、坦桑尼亚、莫桑比克）

马拉维湖地处非洲大陆的东南角，东非大裂谷的南端，整个湖区为一狭长水域，南北全长 568 千米，东西最窄处为 16 千米，最宽为 80 千米。表面积约 31000 平方千米，是马拉维国土面积的 1/4，数倍于中国最大的淡水湖鄱阳湖。最深处为 704 米，湖面比海平面还要高出 472 米。为非洲第三大湖，世界第四深湖。

马拉维湖被三个国家包围环绕，它的大部分水域被划归马拉维共和国，东北部隶属于坦桑尼亚，东岸的大片湖区则归属于莫桑比克。湖中由北向南分布着基坦德岛、姆潘嘎暗礁群岛、卡特尔岛、希尔瓦岛、台湾暗礁群岛、奇滋姆鲁岛、马兹理岛、门蓓岛、利克马岛、姆本基岛、南克马岛、马雷利岛、那卡藤嘎德岛、咚伊岛、屯比西岛等大小数 10 个大小岛屿，其中利克马岛和奇滋姆鲁岛虽然位于莫桑比克境内，但管辖权却归属于马拉威共和国。另外，包括马雷利岛、咚伊岛等数个岛屿在内的湖区南端水域现已划为马拉威湖

风光旖旎的马拉维湖

水上公园，它是世界上第一座以保护热带地区、深水水域、地堑湖内水生物为宗旨的自然保护区公园。

马拉维湖形成于距今300万～2000万年前的远古时代，是由于非洲大陆板块和印度洋板块之间地幔层热对流导致的巨大断裂作用而逐渐发展形成的地堑湖，目前正以每年1厘米的速度逐渐扩大。因此，美国科学家预计，800万年以后马拉维湖将与印度洋完全相连，变成一条新的海峡。马拉维湖最早是由西方探险者大卫·利文斯顿发现的，并把它称为尼亚萨湖，意思是水面宽广的湖泊，1965年改为现在的名称。“马拉维”在当地尼昂加语中是火焰的意思，原指金色的太阳照射在湖面上，湖水泛起了一片耀眼的火焰般光芒，用做国家和湖泊的名称，则意为美丽富饶的国土上有一个火焰般闪光的湖泊。但是由于数字上面的巧合，马拉维湖有一个奇特的名字——“日历湖”。由于湖的长度是365英里（约590千米），最宽处为52英里（约85千米），正好与一年的天数和周数吻合，所以马拉维湖就得到了“日历湖”这样一个外号。

清澈见底的湖水

每年的六七月份是到马拉维旅游的最好季节，也是马拉维湖最美的时候。由于整个湖区位于裂谷地段，青山绿水，云蒸雾绕，好似浮悬在半空之中的一处仙境。深入湖区，仰望绝壁险峰，瀑布奔泻，银线飞舞；遥望湖湾水域，微波细浪，茫茫无涯。马拉维湖不仅风光旖旎，而且集多种佳景于一身，有的地方高崖环绕，惊涛拍岸，有的地方又草原流水潺潺，特别是北部湖区，被誉为中南非洲最壮丽的湖光山色。加之湖区地带气候温暖，水源充足，土地肥沃，花草茂盛，历来就是非洲游览胜地，每年都有很多来自世界各地的游客光顾。

马拉维湖不仅自然景观蔚为壮观，而且湖中鱼产资源异常丰富。可以毫不夸张地说，在世界上所有的湖泊中，马拉维湖的鱼类品种是最丰富的，达到500～1000之种多，这些鱼中的半数以上均可以在公园的水域中见得到，其中90％以上是当地的特有鱼种，例如水域中已经查明的环口鱼类达350种之多，其中仅5种属于非本地特产。TP清澈见底的湖水

奇怪的是，马拉维湖虽然地处内陆，却有奇妙的“潮汐”现象。上午9点左右，湖水开始“退潮”，水位会下降6米以上，直至露出浅滩，到中午前后才恢复正常。而傍晚7点左右，湖面又开始大涨，直到晚上9点多才还原。这种“潮汐”有时一天一次，有时几周才出现一回，但“涨落潮”的时间却雷打不动，至今还是个谜。马拉维湖因此而被联合国教科文组织列入世界自然遗产名录中。

本篇简介 Benpian jianjie 乍得湖，非洲第四大湖，内陆淡水湖。它是世界上盛产螺旋藻的三大天然湖泊之一。

乍得湖（乍得）

乍得湖，非洲第四大湖，内陆淡水湖。它位于非洲中北部的乍得、喀麦隆、尼日尔和尼日利亚四国交界处——乍得盆地中央。它由大陆局部凹陷而成，为第四纪古乍得海的残余。湖面积随季节变化，雨季时可达 2.2 万平方千米，旱季时可缩小一半以上。湖面海拔 281 米。东部深，西部浅，平均深度 1.5 米，最大深度 12 米。水位年变幅 0.6 米～

乍得湖

0.9米。流域面积100万平方千米。水源主要补给者为沙里河，占总补给量的2/3；其次有科马杜古约贝河、恩贾梅纳鸟瞰河、姆布利河和富尔贝韦尔河等注入。湖东部被水道隔成许多岛屿，较大的有库里岛、布都马岛等。湖滨多沼泽，长芦苇。湖中水产资源丰富，产河豚、鲶、虎形鱼等。沿岸多鸟类。沿湖为重要灌溉农业区。而大约在5400多年前，乍得湖面积达30～40万平方千米，比今天最大的湖泊里海还要大得多。

该湖获得多条河流注入，但却没有一个出水口。一般没有出水口的湖泊就是一潭死水，在阳光的照射下，水分蒸发强烈，盐度增大，最终往往形成盐湖或咸水湖。而乍得湖的西南部全是淡水，其他地方湖水也只是略带咸味。

原来，在乍得湖东北方向350千米～400千米处，有一个乍得盘地的最低处——博德莱洼地，洼地海拔比乍得湖低很多，因此，乍得湖水通过地下岩缝或含水岩层，源源不断地流入比它更低的博德莱洼地，大量的盐分就这样被湖水带走了。

乍得湖还是世界上盛产螺旋藻的三大天然湖泊之一。

本篇简介 Benpian Bjianjie　塔纳湖，为青尼罗河的主要水库，是埃塞俄比亚最高、最大的湖泊。

塔纳湖（埃塞俄比亚）

塔纳湖，湖面海拔1830米，长75千米，宽70千米，面积依季节变化于3100平方千米～3600平方千米。5～6月水位最低，9月最高。平均水深14米，最深72米。湖流域面积11650平方千米。有60条河川补给，其中最长的小阿贝河是青尼罗河河源。古希腊人称该湖为普塞博阿湖或科卢湖。

塔纳湖，为青尼罗河的主要水库。青尼罗河发源于埃塞俄比亚高

塔纳湖

原，上游处于热带山地多雨区，水源丰富，全长680千米，它穿过塔纳湖，然后急转直下，形成一泻千里的水流。在巴哈达尔附近，青尼罗河向下倾泻，落差42米，形成壮观的提斯厄萨特瀑布，现已用于水力发电。

塔纳湖，距离贡德尔省首府贡德尔35千米，是埃塞俄比亚最高、最大的湖泊。“塔纳”在当地语的意思是蓄水不干。这是一个由熔岩阻塞河道后形成的高原湖泊。周围崇山峻岭，千百条溪涧在这里汇合成湖，以小阿巴伊河最大。

塔纳湖

湖中有德克等岛屿。出口处年径流量40亿立方米，建有水电站。塔纳湖是青尼罗河的源头，青色的湖水从南端200多米宽的湖口涌出，形成了阿巴伊河，也就是青尼罗河上源。据说，尼罗河大约80%的水量来自埃塞俄比亚，所以，埃塞俄比亚有东北非水塔之称。湖区雨量充沛，出产谷物、油籽和咖啡，养牛业和渔业是其重要产业。这里有轮渡定期往返两岸之间。

本篇简介 Benpian jianjie 基伍湖，东非大裂谷中大湖之一，位于卢旺达和刚果两国交界处，湖底蕴藏着大量沼气。

基伍湖（卢旺达、刚果）

基伍湖，是东非大裂谷中大湖之一，位于大裂谷带西支卢旺达和刚果（金）两国交界处，由断层陷落而成。其南北长约 88 千米，东西宽约 48 千米，湖面积达 2699 多平方千米，湖面海拔约 1460 米，平均水深大概在 220 米，最大水深 489 米。湖岸多岩岸，较崎岖，北岸有高达 3470 米的尼腊贡戈火山。湖岸线北部较平直，南部多湖湾。

基伍湖

水火不容，是妇孺皆知的简单道理。倘若说湖水遇火自己就会熊熊燃烧起来，恐怕有人听后会以为这是天方夜谭式的笑话，而在基伍湖里就存在着这样奇特而真实的现象。这是因为基伍湖底蕴藏着大量的沼气，而沼气的燃烧点是很低的，因此，湖水遇火自己燃烧的现象就不足为奇了。

基伍湖中有许多岛屿，最大岛屿为伊吉维岛。北以火山溢出物与爱德华湖所隔，湖水从湖南通过鲁济济河流入坦葛尼喀湖。这里多鱼类和水鸟。群山环抱，湖岸陡峻曲折，湖中岛屿众多，为著名疗养地。重要湖港有布卡武和基塞尼。湖区周围人口密集，沿岸有布卡武、基布耶、基塞尼等城镇。

湖面上繁殖着大量浮游生物，这为湖中的鱼类提供了充分的食料。基伍湖的湖水还有一个明显的特点，即自然地从下而上分成明显而稳定不变的层次，而且越是往下，湖水的含矿化程度越高，密度也就越大，从 250 米处的深度继续往下，湖水便完全处于一种静止状态。

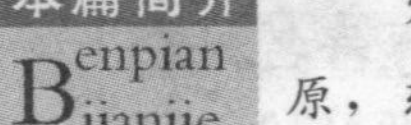

爱德华湖，东非大裂谷中大湖之一，南北两岸都是低地平原，东西两岸多峭壁。

爱德华湖（乌干达、扎伊尔）

爱德华湖，东非大裂谷中大湖之一。位于大裂谷带西支，乌干达和扎伊尔两国交界处。爱德华湖，原名阿明湖，由断层陷落而成。湖南北长约 77 千米，东西宽 42 千米，湖面积 2300 平方千米，湖面海拔 912 米，最大水深 117 米。湖岸较平直，东北经运河与乔治湖相通。东西两岸湖岸陡峭，南北两岸多为低平原。

爱德华湖的东北与较小的乔治湖连接，两湖面积总合为 2500 平方

爱德华湖

千米。乔治湖接纳鲁文佐里河后，湖水流经 32 千米长的卡津加运河后注入爱德华湖，同时接纳鲁特绍鲁河的河水（穿越南部广阔平原）。爱德华湖湖水向北通过塞姆利基河后注入艾伯特湖（1973 年后亦称蒙博托湖），其流出的湖水形成艾伯特尼罗河。

1875 年，史坦利到访乔治湖，他认为该湖是艾伯特湖的一部分，给它取名为比阿特丽斯湾（这是维多利亚女王一个女儿的名字）。1888～1889 年，史坦利溯塞姆利基河而上，到达爱德华湖，他则以当时威尔斯亲王爱德华（即，后来的爱德华七世）的名字为此湖命名。

爱德华湖的南北两岸都是低地平原，东西两岸多峭壁。湖中盛产鱼类，湖岸野生动物得到有效保护，在刚果和乌干达分别设有专门保护野生动物的维龙加国家公园、伊利莎白女王（鲁文佐里）国家公园。

本篇简介 Benpian jianjie

埃尔湖，位于澳大利亚的中南部，是个很有趣的湖泊，时而出现，时而消失，踪迹难觅。

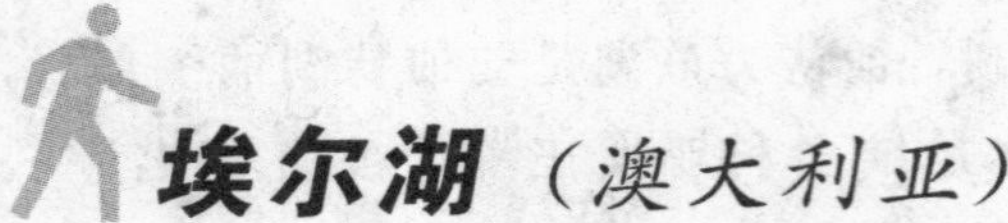

埃尔湖（澳大利亚）

时隐时现的埃尔湖总面积 9300 平方千米。该湖位于澳大利亚大陆的最低部位，最低部分低于海平面约 15 米，分南北两湖，北埃尔湖长 144 千米，宽 65 千米；南埃尔湖长 4065 千米，宽 24 千米。两湖之间由

埃尔湖在地图上的位置

狭窄的戈伊德水道通联。

埃尔湖位于大自流盆地的西南角，这是个封闭的内陆盆地，总面积1140000平方千米，只有间歇河流注入。1840年欧洲人爱德华·约翰·埃尔最先看到此湖，该湖也因此得名。湖的范围至1870年才被测出来。

从湖的西侧可以明显看出这座盐渍化的洼地是大约3万年前地面断层下陷的产物，断层块隔断了原来的出海口。现在湖水蒸发很快，湖的表面结着薄薄的一层盐壳。通常情况下埃尔湖是干涸的，平均一个世纪内只有两次注满了水。但在小雨之后，局部地区有少量入水也屡见不鲜。湖中满水后，约经过2年又完全干涸。埃尔湖处在地势特低、间歇性年降雨量不足125毫米的地区，本来有片广大的内流水系流注，但年蒸发量太高，大部分河流中途就干掉，只有迪亚曼蒂纳河及其他河流大雨之后洪水可以注入其中。

南部湖中薄盐壳加厚可达46厘米。盐壳极平坦的表面被利用作为

埃尔湖风光

打破世界纪录的越野竞赛的场地，1964年甘贝尔驾驶“蓝鸟二号”车达到每小时644千米以上的纪录。

位于澳大利亚中南部的埃尔湖，是个很有趣的湖泊。它像幽灵一样，时而出现，时而消失，踪迹难觅。1832年，一支勘探队来到这里考察，发现一个小盆地，上面覆盖着一层盐。1860年，又一支勘探队来到这里，却在这里发现了一个碧波荡漾的咸水湖，第二年，这支勘探队再次来到这里，准备测量这个湖的面积，可是湖却不见了，水波荡漾的湖泊成了一块平地。原来，这个湖不是常年湖，而是一个时令湖。每隔3年左右，它就要“失踪”一次。

湖水哪里去了呢？它在和人们“捉迷藏”吗？原来，埃尔湖的湖水主要来自河水和雨水。当降雨量较大时，湖的面积可达8200平方千米；而降雨量较小时，湖水被大量蒸发，湖就干涸见底了。因此它在地理学辞典中的面积是“0～8200平方千米”，没有一个固定的数字。

为了改变澳大利亚中部的干燥气候，科学家正在努力缚住这个“幽灵”。他们提出要开凿一条运河把附近的海湾和埃尔湖联系起来。这样，海水就会自动流向埃尔湖（埃尔湖低于海平面12米），它就不会再干涸了。